JN093954

介護で使える!「医行為でない行為」がすぐできるイラスト学習帳

総監修 服部万里子
服部メディカル研究所代表取締役所長、看護師

最新改訂版

X-Knowledge

編集：株式会社エディポック
編集協力：加藤泰朗
協力：小田明弘
本文デザイン：株式会社エディポック、久保田祐子（クリエイティブ悠）
DTP：TK クリエイト　　イラスト：パント大吉
カバーデザイン：松田行正＋金丸未波

はじめに

　厚生労働省は平成23年の介護保険法の改正に伴い、社会福祉および介護福祉士法を改正し介護職にも医療行為を認め、介護福祉士を診療の補助者に位置づけました。また、介護職は研修を受けることにより「認定特定行為従事者」として、在宅やデイサービス、ショートステイ、特定施設、有料老人ホーム、認知症グループホーム、特別養護老人ホーム、介護老人保健施設などで、たんの吸引、その他日常生活に必要な医療行為を行うことができるようになりました。

　このような転換の背景には、日本が世界で最も高齢化が進んだ国になり、長寿化に伴い、介護を必要とする高齢者が増加していることがあります。高齢になると、脳梗塞や認知症、老衰などが起こりやすくなります。さらに状態の進行に伴って、嚥下困難、摂食困難、排泄困難などが生じ、一定の医療行為を必要とする人が増加します。

　このように医療・看護・介護の連携で利用者に必要なケアを提供することが増加する状況では、介護職が日常的に利用者に向き合い、状態を理解し、必要な援助を提供することが求められています。

　厚生労働省は平成17年に、「医行為ではない行為」を具体的に示しました。このなかには、それ以前は介護職に認められていなかった行為も多く含まれていました。しかし、それらを「医行為ではないもの」として具体的に示すことにより、介護職も行えるようになりました。

　本書では、介護現場で向き合う利用者に対して、介護職が行う「医行為ではない行為」を行為ごとに記載しています。特にその行為の理解と注意点、観察のポイント、具体的な介護技術・手技を、イラストを多用して解説しています。それぞれの内容を経験のある看護師が監修しわかりやすくするよう心掛けました。また、実践現場で役立つように事例も示して具体的に記載しています。

　医療行為を必要とする利用者は、介護現場にはたくさんいます。それらの人を理解し、介護職が日常的にできる「医行為ではない」と規定されたケアを積極的に提供できるようになることが大切です。日常的に慣れて行っている行為でも、再度見直し、事故を起こさないよう正確で質の高い介護を行うことが、介護職にさらに求められています。現場に強い介護職となるために、本書を活用していただければ幸いです。

服部メデイカル研究所　所長

服部 万里子

本書の特徴

　平成17年に厚生労働省は、介護職が介護の現場で行うことができる「医行為でない行為」を通知文にして明示しました。

　本書は、それらの行為を介護職の方たちが安全かつ正確に行えるように、イラストを多用して解説しています。手技や処置の手順を中心に、各行為に関連する基礎知識やリスクポイント、介護場面で起こりうるだろう事項を事例で紹介しているので、介護の現場で役立つ一冊となっています。また、序章に感染対策の基本をまとめました。すべての「行為」で記載する感染対策が必要というわけではありませんが、必要になったときに、いつでもすぐにできるよう基本を身につけておきましょう。

第1章　バイタルの測定行為

　「バイタル」とは、体温・血圧・脈拍・呼吸などの、人が生きていることを示す基本的な兆候のことをいいます。介護職が利用者の状態を把握するにはとても重要なことなので、正確に測定できるようにしましょう。

　ここでは、「体温測定」「血圧測定」「パルスオキシメーターの装着」について説明します。

第2章　整容行為

　爪切りや歯みがき、耳そうじなどは、身体の状態によっては高齢者本人が行うことは難しい場合があります。その際は介護職が代わりにケアします。なお、整容行為には感染症予防に役立つものもあるので、ていねいに行いましょう。

　ここでは、「爪切り」「口腔ケア」「耳垢の除去」について説明します。

第3章　薬の使用行為と傷などの処理

　高齢になると薬の種類や使用頻度が増え、けがをすることもよくあります。そこで、介護職は薬の服用・使用方法やけがなどの処置について知っていなければなりません。

　ここでは、「軽微な切り傷・擦り傷・やけどの処置」「皮膚への軟膏の塗布・湿布の貼付」「点眼薬の点眼」「一包化された内服薬の内服」「坐薬の挿入、浣腸」「鼻腔粘膜への薬剤噴霧の介助」について説明します。

　また、介護職は介助することはできませんが、知っておいたほうがよい薬に関する知識を「介護職に認められていない医行為」にまとめました。

第4章　その他の行為

　何らかの原因で排泄が困難になってしまった人は、器具を用いて排泄を行うことになります。介護職は利用者がしっかり排泄できるように器具の準備や処理などをきちんと行う必要があります。またその際には、利用者の尊厳を守るためにも細心の注意が欠かせません。

　ここでは、「ストマ装具の交換・排泄物廃棄」「自己導尿カテーテルの準備・体位保持」「蓄尿バッグ、バルーンカテーテルの管理」について説明します。

　また、「医行為でない行為」には該当しませんが、介護の現場でよく遭遇する「点滴中の寝衣の交換」を補足しています。

目 次

序章　感染対策の基本

第1章　バイタルの測定行為

第2章　整容行為

第3章　薬の使用行為と傷などの処置

第4章　その他の行為

トピックス 介護職と医行為

　原則として、医行為（医療行為、医療的ケア）を行うのは、人体に危害を与えるかもしれないために、医師や看護師などの医療資格者に限定され、介護職は、医行為を行うことはできませんでした。

　介護の現場では、医行為なのか、医行為ではないのかが整理されていない行為や、介護職が行うことが適切か不適切かの判断が難しい行為がありました。そのため、2005（平成17）年、厚生労働省は「医行為でない行為」を明示しました（10ページ参照）。

　一方、「たんの吸引」は、「当面のやむを得ない必要な措置（実質的違法性阻却）」と位置づけられ、医行為ではあるけれども、介護職が行っても違法ではなく、介護職個人と利用者の契約により、安全を確保した状況において介護職が行ってよいとされました。介護職によるたんの吸引の対象は、ALS（筋萎縮性側索硬化症）などの難病で自宅療養している療養者、在宅や施設における重度障がい者、居宅や施設の高齢者、また特別支援学校の障がい児など、介護のみならず教育・保育分野に広がりました（2003年「ALS患者の在宅療養の支援について」などの3つの通知による）。

　その後も、介護職と医行為については、高齢人口の増加、医療的ケアの必要な高齢者・障がい者の増加、リスクや事故発生時の責任の所在などに対する社会の認識の変化、介護人材確保などを背景に、実践的な見解のみならず、医学的、また法的な見地をも含めた広い範囲からの検討が必要とされました。その流れを受けて、2011（平成23）年6月に「介護サービスの基盤強化のための介護保険法等の一部を改正する法律」が成立し、医行為のうちの「たんの吸引」と「経管栄養」について、一定の条件を満たしたうえで介護職が実施するという制度が整えられ、2012（平成24）年4月から始まりました。

●介護職が行えるようになった医行為

　今回、介護職が行えるようになった医行為は、医師の指示のもとに行う"特定行為"です。この行為には、たんの吸引の3つのパターン（「口腔内の喀痰吸引」「鼻腔内の喀痰吸引」「気管カニューレ内部の喀痰吸引」）、経管栄養の2つのパターン（「胃ろうまたは腸ろうによる経管栄養」、「経鼻経管栄養」）があります。これらの行為を行うためには、各都道府県で実施される一定の研修を行うことにより認定され（認定特定行為業務従事者認定者）、一定の条件のもとで実施できます。なお、研修を受けてたんの吸引などを行うことができる介護職には、介護福祉士のほか介護職員などが含まれます。

　研修は、50時間の基本研修（講義のあと、演習として各ケアの実施を5回以上、および救急蘇生法を1回以上行う）と、その後の実施研修（5種のケアを現場で10〜20回以上行う）の2段階の研修からなります。たんの吸引には、通常手段と人工呼吸器や非侵襲的

人工呼吸器療法の吸引の2種類があり、人工呼吸器装着者の吸引については通常手段とは異なる実施手順を学びます。

　加えて、実際に利用者に行うには、安全を担保するためのさまざまな条件をクリアしたうえで、かつ、所属する事業所が登録喀痰吸引等事業者でなければなりません。

①たんの吸引

　たんの吸引とは、口腔内、鼻腔内ともに咽頭前までの吸引をさします。まず、たんの吸引を行うには、その必要性を理解することに始まり、必要な物品の準備を行い、そのしくみを説明できなければなりません。そして、吸引終了後の必要物品の清潔保持、消毒方法をも熟知しておく必要があります。

　人工呼吸器装着者の吸引には、「鼻・口マスク式」「気管切開」の2種類があり、種類によってカテーテルの技術も大きく異なります。また、気管カニューレ内部の吸引は、カニューレ内のみであり、気管までカテーテルが挿入されると、生命にかかわる危険性もあります。そのため、カテーテル挿入の長さ・吸引の深さ、時間など、一般的な吸引の知識とともに、医師、看護職員との連携が必要です。吸引中・後の観察や報告も重要な技術です。

②経管栄養

　経管栄養では、なぜ経管栄養が必要な状態であるかについて、さらに経管栄養のしくみとその種類について理解していきます。また、注入する栄養剤が、その利用者にとって最善のチョイスであることを理解したうえで経管栄養を実施します。経管栄養中・後の観察すべきことや身体の異常、注入後の安全確認などの留意点についても熟知し、経管栄養終了後の物品の清潔保持・管理についても詳しい理解が求められます。

●介護職における医行為の今後の動向

　2025年に"団塊"の世代が75歳以上になることは周知の事実で、2055年には75歳以上の人口が総人口の25%を超える見込みです。介護保険制度の動向や、社会的・経済的・人的資源の観点からしても、施設よりも居宅における療養者の増加が予想され、病院よりも居宅における死亡が増加することも考えられます。したがって、医療ニーズの高い居宅療養者が増加することは明らかでしょう。このことから、医行為が必要になる場面に、介護職が遭遇する機会が増え、介護職に認められる医行為が拡大する可能性があります。今後、介護職はさらに介護・医療について学び、より専門性を発揮する必要があるでしょう。

　たんの吸引などの医行為については今後の動向をしっかり見極める必要があります。医行為の問題・課題である法的な整備も、さらに必要でしょう。また、安全性の確保は利用者にとっても、最も基本となります。医療職との連携の在り方や、堅固なリスクマネジメントは、従来にも増して重要となってきます。

医師法第17条、歯科医師法第17条及び保健師助産師看護師法第31条の解釈について
（平成17年7月26日　医政発第0726005号　各都道府県知事あて厚生労働省医政局長通知）

　医師、歯科医師、看護師等の免許を有さない者による医業（歯科医業を含む。以下同じ。）は、医師法第17条、歯科医師法第17条及び保健師助産師看護師法第31条その他の関係法規によって禁止されている。ここにいう「医業」とは、当該行為を行うに当たり、医師の医学的判断及び技術をもってするのでなければ人体に危害を及ぼし、又は危害を及ぼすおそれのある行為（医行為）を、反復継続する意思をもって行うことであると解している。

　ある行為が医行為であるか否かについては、個々の行為の態様に応じ個別具体的に判断する必要がある。しかし、近年の傷病構造の変化、国民の間の医療に関する知識の向上、医学・医療機器の進歩、医療・介護サービスの提供の在り方の変化などを背景に、高齢者介護や障害者介護の現場等において、医師、看護師等の免許を有さない者が業として行うことを禁止されている「医行為」の範囲が不必要に拡大解釈されているとの声も聞かれるところである。

　このため、医療機関以外の高齢者介護・障害者介護の現場等において判断に疑義が生じることの多い行為であって原則として医行為ではないと考えられるものを別紙の通り列挙したので、医師、看護師等の医療に関する免許を有しない者が行うことが適切か否か判断する際の参考とされたい。

　なお、当然のこととして、これらの行為についても、高齢者介護や障害者介護の現場等において安全に行われるべきものであることを申し添える。

❶水銀体温計・電子体温計により腋下で体温を計測すること、及び耳式電子体温計により外耳道で体温を測定すること
❷自動血圧測定器により血圧を測定すること
❸新生児以外の者であって入院治療の必要がないものに対して、動脈血酸素飽和度を測定するた

め、パルスオキシメータを装着すること
❹軽微な切り傷、擦り傷、やけど等について、専門的な判断や技術を必要としない処置をすること（汚物で汚れたガーゼの交換を含む。）
❺患者の状態が以下の3条件を満たしていることを医師、歯科医師又は看護職員が確認し、これらの免許を有しない者による医薬品の使用の介助ができることを本人又は家族に伝えている場合に、事前の本人又は家族の具体的な依頼に基づき、医師の処方を受け、あらかじめ薬袋等により患者ごとに区分し授与された医薬品について、医師又は歯科医師の処方及び薬剤師の服薬指導の上、看護職員の保健指導・助言を遵守した医薬品の使用を介助すること。具体的には、皮膚への軟膏の塗布（褥瘡の処置を除く。）、皮膚への湿布の貼付、点眼薬の点眼、一包化された内用薬の内服（舌下錠の使用も含む）、肛門からの坐薬挿入又は鼻腔粘膜への薬剤噴霧を介助すること。

①患者が入院・入所して治療する必要がなく容態が安定していること
②副作用の危険性や投薬量の調整等のため、医師又は看護職員による連続的な容態の経過観察が必要である場合ではないこと
③内用薬については誤嚥の可能性、坐薬については肛門からの出血の可能性など、当該医薬品の使用の方法そのものについて専門的な配慮が必要な場合ではないこと

注1　以下に掲げる行為も、原則として、医師法第17条、歯科医師法第17条及び保健師助産師看護師法第31条の規制の対象とする必要がないものであると考えられる。
①爪そのものに異常がなく、爪の周囲の皮膚にも化膿や炎症がなく、かつ、糖尿病等の疾患に伴う専門的な管理が必要でない場合に、その爪を爪切りで切ること及び爪ヤスリでやすりがけす

ること

②重度の歯周病等がない場合の日常的な口腔内の刷掃・清拭において、歯ブラシや綿棒又は巻き綿子などを用いて、歯、口腔粘膜、舌に付着している汚れを取り除き、清潔にすること

③耳垢を除去すること（耳垢塞栓の除去を除く。）

④ストマ装具のパウチにたまった排泄物を捨てること（肌に接着したパウチの取り替えを除く。）

⑤自己導尿を補助するため、カテーテルの準備、体位の保持を行うこと

⑥市販のディスポーザブルグリセリン浣腸器（※）を用いて浣腸すること

※挿入部の長さが5から6センチメートル程度以内、グリセリン濃度50％、成人用の場合で40グラム程度以下、6歳から12歳未満の小児用の場合で20グラム程度以下、1歳から6歳未満の幼児用の場合で10グラム程度以下の容量のもの

注2　上記①から⑤まで及び注1に掲げる行為は、原則として医行為又は医師法第17条、歯科医師法第17条及び保健師助産師看護師法第31条の規制の対象とする必要があるものでないと考えられるものであるが、病状が不安定であること等により専門的な管理が必要な場合には、医行為であるとされる場合もあり得る。このため、介護サービス事業者等はサービス担当者会議の開催時等に、必要に応じて、医師、歯科医師又は看護職員に対して、そうした専門的な管理が必要な状態であるかどうか確認することが考えられる。さらに、病状の急変が生じた場合その他必要な場合は、医師、歯科医師又は看護職員に連絡を行う等の必要な措置を速やかに講じる必要がある。また、上記①から③までに掲げる行為によって測定された数値を基に投薬の要否など医学的な判断を行うことは医行為であり、事前に示された数値の範囲外の異常値が測定された場合には医師、歯科医師又は看護職員に報告するべきものである。

注3　上記①から⑤まで及び注1に掲げる行為は原則として医行為又は医師法第17条、歯科医師法第17条及び保健師助産師看護師法第31条の規制の対象とする必要があるものでないと考えら

れるものであるが、業として行う場合には、実施者に対して一定の研修や訓練が行われることが望ましいことは当然であり、介護サービス等の場で就労する者の研修の必要性を否定するものではない。また、介護サービスの事業者等は、事業遂行上、安全にこれらの行為が行われるよう監督することが求められる。

注4　今回の整理はあくまでも医師法、歯科医師法、保健師助産師看護師法等の解釈に関するものであり、事故が起きた場合の刑法、民法等の法律の規定による刑事上・民事上の責任は別途判断されるべきものである。

注5　上記①から⑤まで及び注1に掲げる行為について、看護職員による実施計画が立てられている場合は、具体的な手技や方法をその計画に基づいて行うとともに、その結果について報告、相談することにより密接な連携を図るべきである。上記⑤に掲げる医薬品の使用の介助が福祉施設等において行われる場合には、看護職員によって実施されることが望ましく、また、その配置がある場合には、その指導の下で実施されるべきである。

注6　上記④は、切り傷、擦り傷、やけど等に対する応急手当を行うことを否定するものではない。

ストマ装具の交換について

なお、肌に密着したストマ装具の交換について、日本オストミー協会による「ストマ及びその周辺の状態が安定している場合等、専門的な管理が必要とされない場合には、その剥離による障害等のおそれは極めて低いことから、ストマ装具の交換は原則として医行為には該当しないものと考えるが如何」（平成23年6月5日付）という文書を厚生労働省に提出した。これに対して、厚生労働省医政局は、「実施に当たっては、「医師法第17条、歯科医師法第17条及び保健師助産師看護師法第31条の解釈について」の注2から注5までを踏まえ、医師又は看護職員と密接な連携を図るべきものと思料します」と回答している（医政医発0705第2号、平成23年7月5日付）。つまり、専門的な管理が不要な場合のストマ装具の交換は、医行為に該当しない行為であるといえる。

手指衛生

手を清潔にすること（手指衛生）は、感染予防のための基本的な行為です。速乾性アルコール製剤による「手指消毒」と、石けんと流水による「手洗い」（基本的手洗い）とがあります。基本を身につけて自分と周囲の人たちを"交差感染（人から人へ感染すること）"から守りましょう。

●速乾性アルコール製剤を使った手指消毒

① 消毒液を手にとります。

消毒液の量は、使用する製品が推奨する分量を守りましょう。

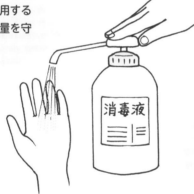

CHECK!

- □ 速乾性アルコール製剤を使った手指消毒がお勧め（推奨）。
- □ アルコール製剤にはジェルタイプとスプレータイプがある。
- □ 目に見えて汚れている、べたべたしている場合は、石けんと流水による手洗いをする。

❗ 手順は、いろいろあります。大事なことは消毒し忘れた箇所がないようにすることです。

殺菌効果が強い、保湿剤を加えれば手荒れが少ない、手洗いの時間が短い、すぐ乾くなどの理由で、速乾性アルコール製剤を使った手指消毒がお勧めです。

② 手のひらをこすり合わせます。

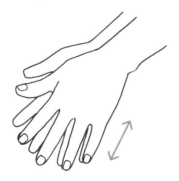

③ 手のひらで指先にすり込みます（両手）。

④ 手の甲にもう一方の手の
ひらですり込みます（両手）。

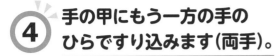

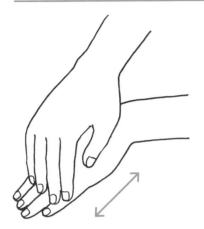

⑤ 指を組んで、両手の
指の間にすり込みます。

⑥ 親指をもう片方の手で
包み、ねじるように
すり込みます（両手）。

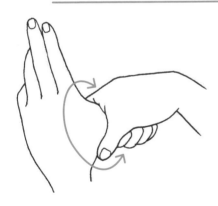

⑦ 手首にすり込みます。

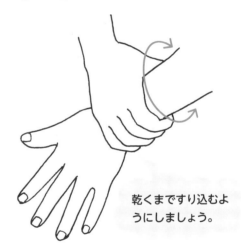

乾くまですり込むよ
うにしましょう。

洗い残しの多い部分

● 爪、指先、指の間など、イラストの
色が濃くなっている箇所が、洗い残
しやすい部分です。

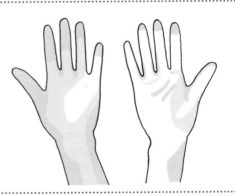

序章

手指衛生

●石けんと流水による手洗い

① 手を流水で濡らします。

洗い残しの原因になるので、指輪や時計ははずしましょう。

② 石けんを手のひらにとって、手のひらをこすり合わせます。

③ 手のひらで指先、爪を洗います（両手）。

③〜⑦の洗い方は、速乾性アルコール製剤を使った手指消毒と同じです。

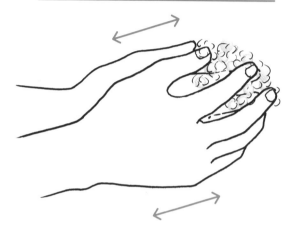

④ 手の甲をもう一方の手のひらで洗います（両手）。

⑤ 指を組んで、両手の指の間を洗います。

⑥ 親指をもう片方の手で包み、ねじりるように洗います（両手）。

⑦ 手首を洗います。

⑧ 流水で手をすすぎ、ペーパータオルで拭きましょう。

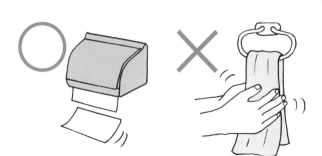

布タオルの共用は、汚染の原因となるのでやめましょう。

個人防護具の着用

人の血液・体液・分泌物・排泄物などは、感染源とみなされます。それらに触れる機会がある場合は、利用者が感染症にかかっているかにかかわらず、個人防護具を装着しましょう。

●介護現場で使用するおもな個人防護具

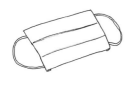
マスク

ゴーグル

手袋

エプロン／ガウン

●マスクとゴーグル、フェイスシールド

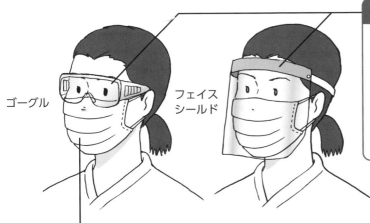
ゴーグル

フェイスシールド

ゴーグル、フェイスシールド

●着けるときは、顔と目をしっかり覆います。
●はずすときは、外側は汚染されていると考えて、枠（フレーム）をつまんではずします。

マスク

●着けるときは、1方向のひだ（プリーツ）が下向き、ノーズピース（なければ中心で折り目を付けてズレ落ちないようにする）で鼻を押さえ、ひだを伸ばします。
●はずすときは、表面に触れないようにゴムひもをつまみ、そのまま指定のゴミ箱に捨てます。

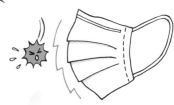

マスクは1方向のひだを下向きにして着けると、空気中の異物がたまりにくくなります。

●手袋

〈つけ方〉

① 使用ごとに箱から取り出します。

自分のサイズに合った、少し大きめのものを使用します。

ポケットなどに入れると汚染の原因となります。

② 手袋の手首部分を持って、手にはめます。

手首を露出させないよう、しっかり覆いましょう。

●介護現場で使用するおもな手袋

手袋の種類	特徴
経済的なポリエチレン製（低密度、高密度、塩素系）	フィットしにくい、破れやすく、熱に弱い。薬品、溶剤にも使用可能。清掃、食品の取り扱いによく使用する。
PVCグローブ（プラスチック手袋、塩化ビニル主材料）	安価、劣化しにくい、低い柔軟性。幅広い用途。フタル酸を含むと環境ホルモンを通して人体に影響する。食品には使用しない。
ラテックスグローブ（天然ゴム）	伸縮性、柔軟性に優れた手袋。指先までフィット、さまざまな作業に適している。滅菌して手術に使用。油脂には弱く、溶けるおそれあり。アレルギーを引き起こすこともある。
ニトリルグローブ	フィット感は劣るが伸縮性、耐熱性、耐摩耗性あり。突き刺しに強い。耐油性あり。アレルギーなし。

〈はずし方〉

① 手首部分を外側からつまみます。

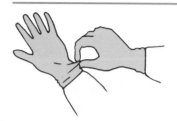

② 中表になるようにはずします。

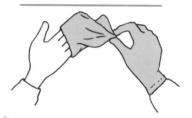

③ はずした手袋を持って、同じように中表になるようにはずします。

手袋で手袋を包むように！

④ 手袋を指定のゴミ箱に捨て、手指衛生(P12-14)をします。

●エプロン（ガウン）

〈つけ方〉

① エプロン（ガウン）を首にかけます。

② エプロン：腰ひもを結びます。

ガウン：両腕を袖に通してから、腰ひもを結びます。

〈はずし方〉

① エプロン（ガウン）の首ひもをちぎります。

② ガウン：汚れた面が内側になるように前面にガウンを落とし、腕を抜きます。

③ エプロン（ガウン）の腰ひもを引きちぎります。

④ 汚れた面を包むように巻き上げて、指定のゴミ箱に廃棄します。

着脱の順番
〈つける順序〉 　手洗い→エプロン（ガウン）→マスク→（ゴーグル・フェイスシールド）→手袋
〈はずす順序〉 　手袋→（ゴーグル・フェイスシールド）→エプロン（ガウン）→マスク→手洗い

基礎知識 正しい消毒法を知ろう

2019年末から始まる新型コロナウイルス感染症の感染拡大で、私たちのなかの「消毒」への関心・意識が高まっています。一方で、正しい知識をもたずに消毒をすることで、かえって健康被害を引き起こす懸念も指摘されています。

● 消毒と、滅菌・殺菌・除菌の違い

消毒とは、ある程度の細菌やウイルスの数を減らして無毒化することです（100％ではありません）。モノ・器材・道具や人体に使用します。
消毒に似た言葉に、「滅菌」「殺菌」「除菌」があります。それぞれ効果や使用する対象などが異なるので、整理しておきましょう。

表 滅菌・殺菌・消毒・除菌の違い

	細菌・ウイルスへの効能	人体への使用	モノ・機材・道具への使用
滅菌	すべての微生物（細菌）やウイルスを殺滅、無毒化、または除く。細菌やウイルスフリーの状態。	使用できない（有害）	使用可能
殺菌	細菌やウイルスを殺す、数を減らす、あるいは無毒化する。	使用できない（有害）	一部使用可能
消毒	細菌・ウイルスの数を減らす、無毒化する。	使用可能	使用可能
除菌	細菌・ウイルスを除く。一部の細菌やウイルスを無毒化。	使用可能	使用可能

● 市販の消毒液（次亜塩素酸ナトリウム）の使用法

① 通常の消毒（ドアノブ、テーブルなどの拭き掃除）

濃度0.05％の次亜塩素酸ナトリウムを使用します。
● キャップ約4ml（8分目）4杯の消毒剤＋水2L

② しっかりした拭き掃除、感染の疑いのある場合やトイレ

通常の2倍の濃度の消毒液（濃度0.1％の次亜塩素酸ナトリウム）を使用するか、70％アルコールで拭きます。
● キャップ約4ml（8分目）8杯の消毒剤＋水2L

次亜塩素酸ナトリウム＝市販名では、ピューラックス、ミルトンなど。

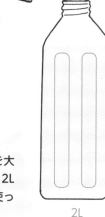

4ml

施設では、消毒液を大量に使用するので、2Lのペットボトルを使って用意しましょう。

2L

③ 嘔吐物（汚物）の処理

- 汚染をしっかり除去するために、0.1％の次亜塩素酸ナトリウムを使用します。
- 使い捨て手袋を二重にし、マスク、エプロン（使い捨て）を着用します。できたらゴーグルも準備して作業しましょう。

① 嘔吐物の上に新聞紙をかぶせます（ペーパータオルでもよいが、油分を含む新聞紙のほうがよい）。嘔吐物と同じくらいの量の0.1％次亜塩素酸ナトリウム液を新聞紙の上に静かにかけます。

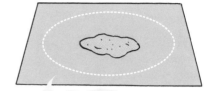

嘔吐物を中心にして、半径1.5m周囲の床、家具や壁などは「汚染されたもの」とみなして、作業中は人を近づけないようにしましょう。

② 時間をおいてから（10分程度）、嘔吐物の中心に向かって、周囲の外側から嘔吐物に向かって押すように拭きます。
この際に手を行ったり来たり動かさないで、中心に向かい、一方方向で嘔吐物を拭きましょう。

拭く方向が変わると、汚染を広げるおそれがあります。

③ すべての嘔吐物と消毒剤を拭きとったあと、ペーパータオルを半径1.5mの範囲に敷き、その上から0.1％の次亜塩素酸ナトリウム液を注ぎます。10分たったら消毒剤を拭きとり、最後に水拭きをします。

④ 使用したすべての物品はビニル袋に入れて、口をしっかりと閉めて、ゴミ箱に破棄します。

出典：東京都南多摩保健所・生活環境安全課環境衛生担当のPDF（https://www.fukushihoken.metro.tokyo.lg.jp/minamitama/oshirase/shodoku.files/shodoku.pdf）をもとに著者が修正・作成。

💚 市販の塩素系消毒剤を用いた消毒法の注意点

- 手指など人体に使用する場合は、医薬品、医薬部外品との表示があるものを使用します。
- 使用時には、濃度に注意しましょう。希釈する（薄める）場合は、2人で確認するようにしましょう。
- 次亜塩素酸ナトリウムは、必ず希釈して使用します（原液では使用しない）。
- アルコール類は、70％を、そのまま原液として使用する（希釈しない）。

消毒剤の "噴霧" は注意

間違った消毒の知識としてとくに懸念されているのが、消毒剤の噴霧による被害についてです。2011年に韓国で、加湿器のメンテナンスに使用した薬剤を水とともに吸い込み、肺胞が固くなり、呼吸困難を起こし死亡したという例が報告されています（P118掲載の参考文献参照）。現在、日本では製品評価技術基盤機構（NITE）が、その効果と安全性を検証しています。

体温測定

体温は、多くの場合、電子体温計をわきの下（腋下）に挟んで測定します。認知症などがある場合には、より短時間で測定できる耳式体温計が使われることもあります。

●わきの下で測る

① 利用者のわきを開きます。

✦CHECK!

□直前に食事をしていない。

□直前に入浴していない。

□直前に運動していない。

❗測定のタイミング
・朝食前など、毎日決まった時間に。
・顔色が悪いなど、いつもと様子が違うときに。

片麻痺、痛み、傷、血行不良などのない腕のわきで測定しましょう。

●あらかじめわきの下を閉じておき、十分に蓄熱させます。

② わきの下を清潔にします。汗は、乾いたタオルで拭きます。

③ ケースから体温計を取り出し、スイッチを入れます。

体温計は、ケースに入れることでリセットされます。
ケースに入っていなかったものを使うと、正しく測定できません。

●スイッチを押すことでリセットされるものもあります。

毎回同じ体温計を使います。

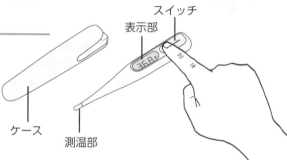

スイッチ

表示部

ケース

測温部

●スイッチの位置は、体温計によって異なります。

④ 体温計の先端を、斜め下から わきの下の中心に当てます。

横や上から当てない
ようにしましょう。

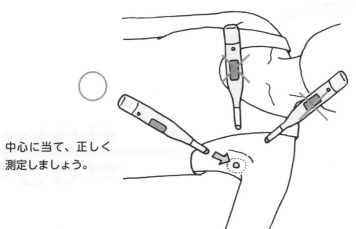

中心に当て、正しく
測定しましょう。

❗わきの下の温度
・中心の温度は高い
　→正しく測定できる。
・周辺の温度は低い
　→正しく測定されない。

⑤ 腕が脇腹につくように、肘を軽く押さえます。

●体温計と上半身の
　角度30〜45度

●わきと体温計が
　ぴったり密着。

30〜45度

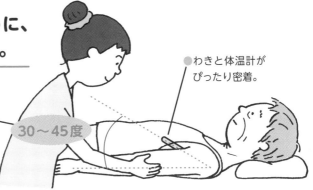

人差し指をわきの下に入れると、体温計の
先端が肌に密着しているかを確認できます。

⑥ 「ピピッ」と音がしたら、測定終了。

↓

⑦ わきを緩め、体温計をはずします。

↓ ●アルコール綿や綿棒を使
　い、測温部を清潔にします。

わきの下で測定したことも記入。

| 4/1 | 10:00 | 36.8 | 左わき | 顔色よし |
| 4/5 | 10:00 | 36.8 | 左わき | |

⑧ 記録します。

やせている場合

　利用者がやせている場合、わき
と体温計が密着せず、体温を正し
く測定できません。

● 著しくやせている状態を
　「るい痩」といいます。

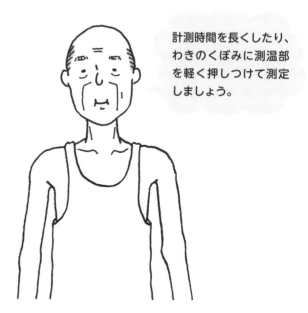

計測時間を長くしたり、
わきのくぼみに測温部
を軽く押しつけて測定
しましょう。

● 測定時間を長くすると、体温計が予測
　式から実測式に切り替わり、体の深部
　の温度が反映されるようになります。

● 予測式……多くの人の体温上昇データ
　　　　　　をもとに、実測したときの
　　　　　　体温を素早く（10秒・30秒）
　　　　　　計算、予測します。
● 実測式……体の深部の温度が体表に伝
　　　　　　わり、その熱で体温を測り
　　　　　　ます。計測時間は約10分（機
　　　　　　種によって異なります）。

わきの下で測れない場合

　利用者に認知症などがある、動き
回る、測定を嫌がるなどして、わき
の下での計測が困難な場合には、よ
り短時間で測定できる耳式体温計
（次頁掲載）や非接触型（スキャン）
体温計を使います。

● 耳式体温計でも測定が難しいときは、
　非接触型体温計の使用を検討しましょ
　う。このタイプの体温計は、接触によ
　る感染症予防の効果も期待できます。

● 非接触型の先端を額に近づけ、スイッ
　チボタンを押すと、1～2秒で測定でき
　ます。体温計によってはわきで測るも
　のより1℃程度の差が出る場合もありま
　す。

●耳で測る

① スイッチを押します。

●耳の中から出てくる赤外線を検出することで体温を測定します。

●耳の中が濡れていたり、垢がたまっていると、正しく測定できません。

●プローブ部分が汚れていると、正しい数値を計測できない場合があります。

⚠ 測定時間は1～2秒間。

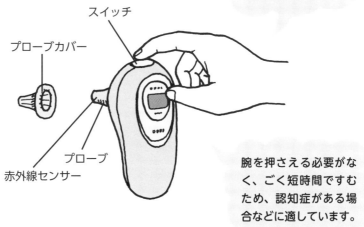

耳で測るほうが、わきの下で測るより、体温が高くなる傾向があります。

スイッチ
プローブカバー
プローブ
赤外線センサー

腕を押さえる必要がなく、ごく短時間ですむため、認知症がある場合などに適しています。

② プローブを耳の穴に挿入します。

挿入する際は耳介（耳たぶ）をやさしく横に引きましょう。

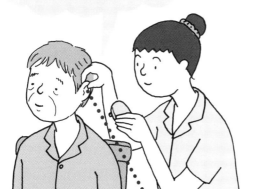

●できるだけ座位で。

③ 「ピピッ」と音がしたら、測定終了。

↓

④ プローブを耳から出します。

↓

⑤ 記録します。

●プローブをアルコール綿などで拭き、清潔を保ちます。

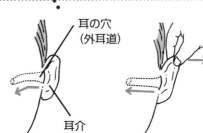

外耳道は、曲がっている。

↓

プローブの先端が鼓膜の方向を向かない。

耳の穴（外耳道）

耳介

耳介を横に引く

↓

外耳道がまっすぐになり、プローブの先端が鼓膜の方向を向きやすくなる。

基礎知識 高齢者と体温

体温は、全身状態を把握するための重要なバロメーターです。若い人とは異なる高齢者の体温の傾向、発熱の目安などについて理解しましょう。

❤ 日内変動

体温は、1日の間に一定の幅で変化します。このような体温の変動を「日内変動」といいます。

❤ 高齢者の体温の特徴

熱を産生する機能や、体温を調節する機能などが低下し、若いころより体温は低めになります。

体温の変動の様子

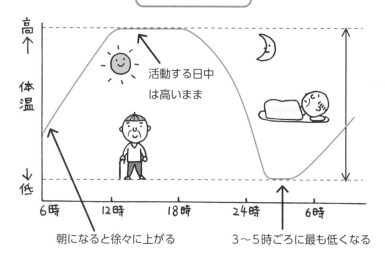

活動する日中は高いまま

朝になると徐々に上がる

3〜5時ごろに最も低くなる

高齢になると、夜間に体温が下がりにくくなる。

↓

日内変動の幅が、若いころの1℃程度から、0.75℃程度に狭まる。

❤ 平熱を把握する

平熱は人によって異なります。介護職は、起床時、午後、夜などの平熱を、利用者ごとに把握しておきましょう。

医療職に報告

平熱
約36.5〜37℃
高齢者の場合、平熱はこの間にあるといわれている。

微熱
平熱＋約0.5℃

発熱
平熱＋約1℃以上

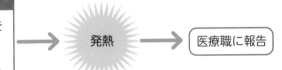

 見落とせない！ リスクポイント

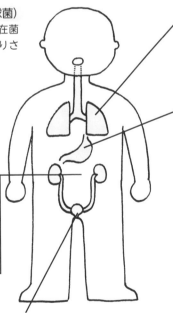

発熱の原因

発熱の原因には、一時的な体調不良や各種の感染症など、さまざまなことが考えられます。医療職と連携し、適切に対応していきましょう。

体に何らかの異常が起きている

● 高齢者は、ちょっとしたことで体調を崩しやすい。

● 高齢になると、体力や免疫力が低下し、さまざまな感染症が起こりやすい。

→ 発熱 → 医療職に報告

● 異常が起こっていても、熱があまり上がらないこともあります。いつもと違う様子があれば、熱が高くなくても注意することが重要です。

高齢者に多い感染症の例

MRSA（メチシリン耐性黄色ブドウ球菌）
人の鼻、口や皮膚などにいる無害な常在菌が抗生物質に耐性をもち、病原菌となりさまざまな感染症を起こす。

褥瘡感染症
褥瘡周囲の皮膚の赤みや、腫れは、感染のサイン。

腸管出血性大腸菌（O157）
腸に見られる常在菌が多量に増殖してベロ毒素を出し、下痢、腹痛や血便、さらに命に関わる溶血性尿毒症を起こす場合がある。

偽膜性大腸炎
病気の治療に抗菌薬を使用したために、大腸の常在菌のバランスが崩れて、クロストリジウム・ディフィシルが異常に増えて起きる大腸炎。命にかかわることもある。

かぜ・インフルエンザ・肺炎
肺炎球菌、インフルエンザ菌、黄色ブドウ球菌、緑膿菌、レジオネラ菌や結核菌などの病原体が肺に入り感染する。

感染性胃腸炎
細菌、サルモネラ菌やノロウイルスなどの病原体に感染して起きる胃腸炎。下痢、嘔吐、腹痛が起こる。

レジオネラ症
循環式の浴槽、加湿器に水を介して菌が入りかぜのような症状が出る。複数の人が感染する可能性がある。

胆道感染症
消化液の一種の胆汁が流れる胆嚢や胆管に細菌が感染する。

尿路感染症
加齢による疾患や免疫低下の影響で起こりやすくなる。尿が濁る、頻尿、残尿感、排尿痛がある。再発しやすい。寝たきりの高齢者に起きやすい。

敗血症
尿路感染症や胆道感染症などの感染巣から細菌や毒素が血中に入って、全身に回り、命にかかわる。

脱水

高齢者は、発熱すると、脱水を起こしやすくなります。発熱時には、脱水が起きていないかに注意しながら、ケアを行うことが大切です。

脱水が起こりやすい理由

体内の水分が不足した状態を脱水といいます。発熱は、脱水の原因の1つです。

● 高齢になると、もともと、通常の体内の水分量が若いころより減少している。
● 微熱程度でも、汗をかいて体内の水分が失われ、脱水が起こりやすくなる。
● のどの渇きを感じにくくなり、水分補給が不足しがちになる。
● トイレに行く回数が増えないように、水分摂取を控えることがある。

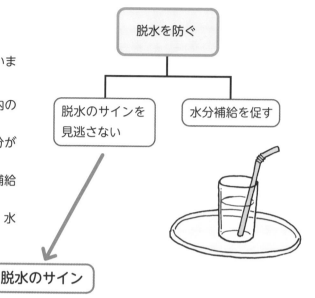

脱水を防ぐ
┌─────────────┴─────────────┐
脱水のサインを見逃さない　　水分補給を促す

脱水のサイン

以下の様子が見られるときは、脱水の可能性がありますから、医療職に連絡しましょう。高齢者では、脱水のサインがわかりにくいこともあります。認知症の利用者には、特に注意しましょう。

● 尿量が少ない、濃い尿になる

● 食欲がない

● 脱水によって意識障害（せん妄）が起こり、「時間や自分のいる場所がわからない」「行動がおかしい」「会話がかみあわない」「不安、興奮」などが見られることもあります。

● 唇や口の中が乾いている

● 動きたがらない

● 自分のいる場所がわからない

● いつもと違って何となく元気がない　　● 寝てばかりいる　　● 目がくぼんでいる　　● 皮膚に張りがない

認知症で落ち着きがなく
体温が測りづらい

Aさんのプロフィール

- ・86歳、男性
- ・介護老人保健施設入所
- ・認知症
- ・要介護度4
- ・脳梗塞の後遺症で軽度の右麻痺
- ・胃ろう

❓ 介護職の悩み

　Aさんは、娘さんと二人暮らしで在宅サービスを利用しながら生活していましたが、かぜから肺炎を起こし入院しました。入院をきっかけに体力が低下し、退院後に訪問看護を利用し、在宅で吸引などを受けていました。しかし、誤嚥（ごえん）による肺炎を繰り返すようになり、胃ろうをつくり、介護老人保健施設に入所しました。

　Aさんは、いつもうつらうつらしています。目が覚めると、ワアワアと声を出し、何か言

いたいことがあるようなのですが、意味がわからず、コミュニケーションがうまくとれない状態です。また、ベットの上で体を動かし、落ち着かないことがよくあります。

　体温測定をする際、わきの下のくぼみに体温計を挟み、腕を軽く押さえるのですが、Aさんはモゾモゾと動いてしまい、正確に測定できているかどうか、不安です。何かよい方法はないでしょうか。

➕ 医療職のコメント

　"じっとしていられない""体に触れられるのを嫌がる"など、認知症の利用者の体温測定に困っている介護職は、少なくないと思います。体温計をわきの下に挟むことさえできないことも多いのですが、Aさんの場合は、そこまで体温測定に強い抵抗はなさそうです。そこで、体温計を挟んだら、笑顔で「すぐ終わりますよ」などとやさしく声をかけながら、測定が終わるまでの数十秒間、しっかりと腕を押さえるようにしてみましょう。大切なのは、笑顔でやさしく接しつつ、腕の押さえる力を緩めないことです。

　それでもAさんが嫌がって、体温計がわ

きからはずれてしまうような場合には、1〜2秒間で測定できる耳式体温計や非接触型体温計を使うという方法もあります。

　誤嚥性肺炎を起こす危険性の高いAさんの場合、体温は、肺炎に早めに気づくための重要な手がかりの1つになりますから、きちんと体温を測定できるように工夫しましょう。

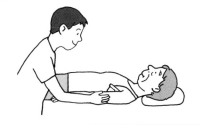

血圧測定

自動血圧測定器には、上腕式、手首式、指式があります。このうち、最も誤差の少ない上腕式で測るのが、血圧測定の基本です。利用者が落ち着いた状態で測定しましょう。

●上腕で測る

① 利用者にいすに腰かけてもらいます。約1〜2分間、深呼吸を繰り返し、リラックスするように促します。

腕を出します。

5回ほど

CHECK!
- □ 尿意・便意がない。
- □ 気持ちが落ち着いている。
- □ 直前に、食事、運動、入浴をしていない。

❗ いつも同じ側の腕で測定します。麻痺、傷、痛みのある腕は避けます。

腕帯は、素肌に巻きます。衣類の上から巻いたり、袖をたくし上げて巻いたりするのは止めましょう。不正確な表示が出ることがあります。

② 腕帯のプラグを本体に接続します。

腕帯
これを腕に巻きます。カフ、マンシェットともいいます。金具がついているものとついていないものがあります。

金具

プラグ

本体

エア管
エア管を通じて空気が腕帯に送り込まれ、腕を圧迫して、血圧を測ります。

表示部

● 寒い時期には、腕帯やその金具が冷たく感じられることがあります。前もって保管場所から出しておくなど、ひんやりしないように工夫しましょう。

③ 腕帯を正しい位置に巻きます。

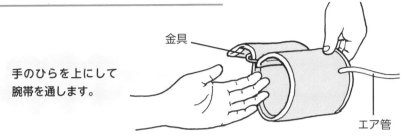

手のひらを上にして
腕帯を通します。

金具

エア管

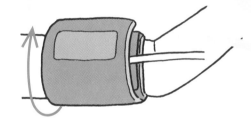

腕帯の金具から出
た部分を、腕の外
側から回します。

エア管が手のひら
側の腕の中心にく
るように。

腕帯の端が、肘が曲がるところか
ら2〜3cm上にくるようにします。

面ファスナーで固定し、
きつくない程度にぴった
りと巻きます。

④ 腕帯の位置や姿勢を確認します。

❶ 測定中は静かにしてもらいましょう。

腕帯の中心と心臓を
同じ高さにします。

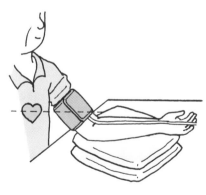

● 腕帯の位置が心臓より下になる場
合は、タオルなどを前腕の下に置
いて、腕帯の高さを調整します。
寒い時期で腕がひんやりするとき
も、タオルを敷くとよいでしょう。
● 前かがみになると腹圧により血圧
が上昇します。

⑤ スタートボタンを押します。

●腕帯が自動的に膨らんで加圧し、その後、元の状態に戻ります。
●表示部に血圧が表示されて、測定終了。

 ⑥ 腕帯をはずし、数値を記録します。

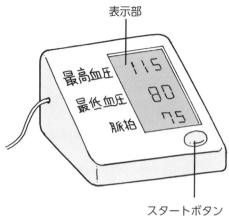

表示部

最高血圧　115
最低血圧　80
脈拍　75

スタートボタン

ベッドで横になって測る場合

●利用者に仰向けになってもらいます。手のひらを上にして、腕を体の横に置いて測定すると、腕帯と心臓が同じ高さになります。

●手首で測る

 ① 本体を持って、手首に置きます。

1～1.5cm

左手の親指側を上にします。

●血圧は、上腕で測るのが基本ですが、認知症などで落ち着かない利用者の場合、手首式で測定することがあります。

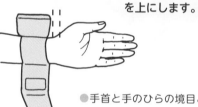

●手首と手のひらの境目と、手首カフの端を、1～1.5cmあけます。

② 手首カフを巻き上げ、面ファスナーで固定します。

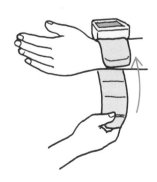

③ 手首の高さを確認し、測定します。

手首カフと心臓の高さを合わせます。

介護職が、点線の辺りを軽くつかんで、腕を支えるとよいでしょう。

基礎知識 高齢者の血圧

70歳以上の約7割の人は、高血圧であるといわれています。利用者にも高血圧が多く、降圧薬を使っている人も少なくありません。

♥高血圧

血圧とは、血液が血管の壁を押す圧力のことです。収縮期血圧（最高血圧）と、拡張期血圧（最低血圧）があります。

● 成人の最もよい血圧（正常血圧）は、収縮期血圧120mmHg未満／拡張期血圧80mmHg未満。

● 問題のない血圧（正常高値血圧）は、収縮期血圧120〜129mmHg／拡張期血圧80mmHg未満。

● 血圧の高い状態が続くと、心臓や血管に大きな負担がかかり、脳血管障害、心不全、心筋梗塞、腎不全などが起こりやすくなる。

＊上記の血圧値は診察室血圧。

♥基準値を把握する

日ごろから血圧を測定し記録することは、高血圧の治療、脳血管障害などの予防や再発予防に役立ちます。

● 一人ひとりで血圧の値（基準値）は異なる。

● 加齢に伴い、収縮期血圧は上がり、拡張期血圧は下がる傾向にある。

● 医療職への連絡が必要かどうかは、利用者の基準値をもとに評価されるので、利用者の基準値を把握する。

● 介護職が使用する自動血圧計は、医療機関で使われるものより、値がいくらか低くなる傾向にある。

心臓の拍動と血圧

収縮期血圧（最高血圧）

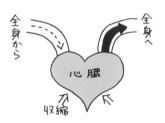

心臓が収縮して、血液が全身に送られる → 血圧が最高になる

拡張期血圧（最低血圧）

心臓が拡張して、血液が全身から戻ってくると同時に、大動脈が収縮して血液が全身に緩やかに送られる → 血圧が最低になる

利用者ごとに基準値を把握しておきましょう。

○○△△さん
いつもの
最高血圧 130
最低血圧 85

□□♡子さん
いつもの
最高血圧 121
最低血圧 78

見落とせない！ リスクポイント

血圧が高いとき、低いとき

血圧の測定値が基準値から大きく外れているのは、病気のサインであることも考えられるので、再測定したり、様子を見守ったりします。

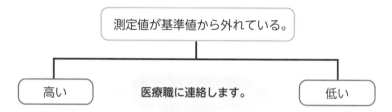

測定値が基準値から外れている。

高い　　　　　医療職に連絡します。　　　　　低い

考えられること

- 何らかの要因で一時的に高い。
  一時的な要因とは、
  - ・トイレを我慢しているため
  - ・不安感やイライラがあるため
  - ・緊張しているため
  - ・痛みがあるため
  - ・喫煙したため　　など
- 一時的なものではなく、治療が必要な高血圧である。

考えられること

- ・かぜ気味
- ・何らかの病気が起きている
- ・低血糖
- ・服薬の影響　　など

5分後に再び血圧を測定します。測定値が高ければ、以下のように対応します。

利用者には、横になって静かに休んでもらいましょう。

● 排泄、服薬の状況を確認したり、心配事がないか尋ねたりして、血圧の変動の要因を探ります。

❗ 30分程度、目を離さず、様子を見守ります。

約15分後に呼吸数、脈拍、体温や顔色、表情などをチェックし、気分はどうかなど話しかけ再度血圧を測ります。30分後に血圧が高いままであれば、医療職に連絡しましょう。

血圧の測定値が高かったときの
対応法を知っておきたい

Bさんのプロフィール

・67歳、男性
・ひとり暮らし
・高血圧

・要介護1
・息子夫婦が別棟に住む。平日の日中はほとんど留守
・軽度の右麻痺（まひ）。自宅内は自分で移動できる

？ 介護職の悩み

私は、介護の仕事に就いて3カ月で、これまで利用者の血圧測定を行ったことがありません。今回Bさんの訪問介護を担当することになり、血圧測定も行うことになりました。

Bさんは、若いころは大工さんで、"病気をしたことない" "医者の世話になったことがない" のが自慢だったそうです。ところが、一昨年脳梗塞（のうこうそく）を起こし、退院後は、家族がつきそって月に1回診療所を受診し、高血圧の薬を服用するようになりました。

前任者は、週1回自宅を訪問し、体調のことなどを聞きとり、自動血圧計で血圧測定を行って主治医に報告していました。前任者が担当している間、血圧は安定しており、体調にも変化はなかったとのことです。

今後、私が血圧測定を行って、血圧が基準値より高かったときは、どのように対応すればよいのか、知っておきたいと思います。お教えください。

✚ 医療職のコメント

血圧は、さまざまな要因で変動します。例えば、「排便や排尿を我慢している」「体のどこかに痛みがある」「喫煙したあと」「睡眠不足」などで、高くなることがあります。また、「イライラ」「不安」「緊張」など精神面の要因で高くなることもあります。医療機関で白衣を着た医師に測定されると、緊張して高くなることもあり、これを「白衣高血圧」と呼びます。

測定値が基準値より高かった場合は、5分ほど待ってから再測定してみます。その値も高い場合には、Bさんに横になってもらい、"気分はいかがですか"など話しかけたり、脈拍（みゃくはく）を測ったりしながら、様子を見

守ります。また、高血圧の薬を頻繁（ひんぱん）に飲み忘れていないか、自己判断で服用量を変えたり、飲むのをやめたりしていないかも確かめましょう。そして、15分後、30分後にも血圧を測定し、それでも高い場合には、医療職に連絡します。

なお、介護職が動揺した様子を見せると、利用者が不安に感じるでしょうから、落ち着いた態度で接するようにしましょう。

パルスオキシメーターの装着

パルスオキシメーターは、血中の酸素飽和度を簡単に測定する医療機器です。酸素が足りているか、不足しているのか、その人の呼吸の状態を知る重要な手がかりになります。

① 周囲の環境を確認します。

CHECK！
- □ 強い光が当たっていない。
- □ 赤い光が当たる部分（指先・爪）が汚れていない。
- □ 指が冷たくない。

強い日ざしが射し込んでいるときは、カーテンを引きましょう。

● 強い光が当たると、正しく測定できません。天井からの通常の照明などは、問題ありません。

● 爪に水虫（白癬）がないか、またマニキュアを塗っていないか、確かめましょう。

② 指の状態を確認します。

上体を起こして、5分ほど静かに過ごしてもらいます。

手や指が冷たいときは、温めたタオルで手や指を包むなどして手を温め、指先の血流を改善させましょう。

● 測定する指が汚れている場合、ハンドクリームを塗っている場合は、タオルなどで拭きます。

③ クリップ部をつまみ、指挿入部を開いて、利用者の指に装着します。

パルスオキシメーター（一体型）

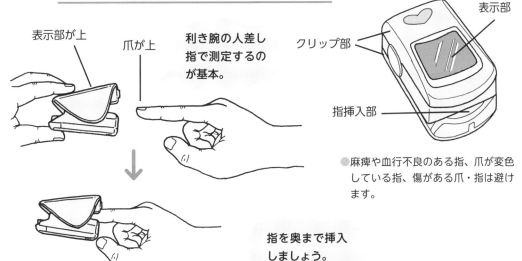

表示部が上

爪が上

利き腕の人差し指で測定するのが基本。

表示部

クリップ部

指挿入部

● 麻痺や血行不良のある指、爪が変色している指、傷がある爪・指は避けます。

指を奥まで挿入しましょう。

● パルスオキシメーターは、発光部から指の毛細血管に光を当て、指を透過した光を受光部で吸収することで測定します。

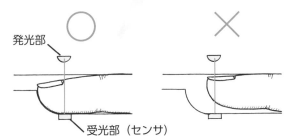

○

発光部

受光部（センサ）

×

❗ 奥まで挿入せず、光が爪の先端に当たっている場合は、正しく測定されません。

④ 表示部の数値が落ち着くのを待ちます。

利用者が体や手を動かさないようにします。

● 介護職が、パルスオキシメーターを支えてもよいでしょう。

● テーブルなどに手を置いてもらいます。

パーキンソン病などで指が震える場合、利用者の指を側面から支えましょう。

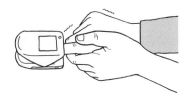

● 装着すると、自動的に測定が始まり、10数秒程度で、数値が落ち着きます。

⑤ パルスオキシメーターを指からはずし、表示部の値を記録します。

● 測定した指に異常がないことを確認します。

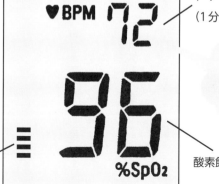

♥BPM 72

96 %SpO₂

ドキドキという脈拍
（1分間の脈拍数）

2つの数字が表示されます。読み間違えないように注意！

この値が、その利用者の基準値であれば、酸素飽和度が正しく測定されています。

酸素飽和度

● 脈波レベルメーター…動脈血の拍動の変化を、バーやハートマークなどの動きによって表示します。この機能が備わっているものでは、測定値が正しいことを示します。

● 機器の異常、測定の状況によっては、酸素飽和度が正しく測定されないことがあります。利用者の脈拍の基準値を把握しておき、酸素飽和度が正しく測定されているかどうかを判断します。

腕時計型、ハンディー型など

パルスオキシメーターには、指先に装着する部分（プローブ）と、本体が分かれているものもあります。

腕時計型

● 本体を、腕時計のように手首に巻いて、測定します。

● 洗濯ばさみのような形のプローブを、指に装着します。
● プローブは、取扱説明書の方法で清潔にします。

ハンディー型

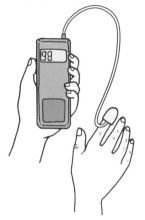

● 本体を片手に持って測定します。

据置型

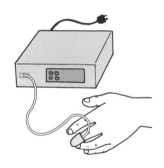

● やや大きめの本体を、ベッドサイドなどに置いて、測定します。額にセンサーを貼りつけて測定する場合もあります。

基礎知識 酸素飽和度と基準値

呼吸によって肺に入った新鮮な酸素は、血液によって全身に運ばれます。酸素飽和度は、血液が酸素を十分に取り込んでいるかどうかを表しています。

🫀酸素飽和度とは

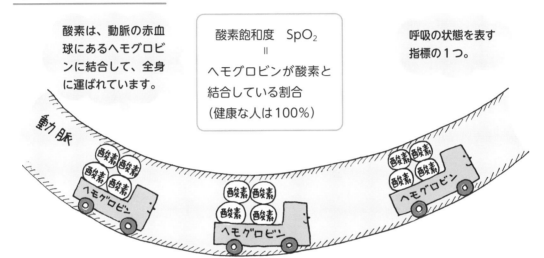

酸素は、動脈の赤血球にあるヘモグロビンに結合して、全身に運ばれています。

酸素飽和度　SpO_2
＝
ヘモグロビンが酸素と結合している割合
（健康な人は100%）

呼吸の状態を表す指標の1つ。

●血液ガス分析といって、血管に直接針を刺す採血により、酸素や二酸化炭素の状態を調べる方法もあります。パルスオキシメーターには、「血液を採取する必要がない」などの利点があります。

● 健康な人の場合 ●

●安静時の酸素飽和度
99〜100%

呼吸器疾患のある人の場合

●慢性閉塞性肺疾患（COPD）やぜんそくなどがあると酸素を十分に取り込めなくなり、酸素飽和度が慢性的に低下する（多くの場合90〜95%以上）。そのため、酸素飽和度を測定して、呼吸の状態を見守る。

利用者の酸素飽和度の基準値を知っておきましょう。基準値は、病気の状態などによって、一人ひとりで異なります。

病気の状態、測定値がどの程度低下した場合に医療職に報告すべきかについて、話し合っておきましょう。

見落とせない！ リスクポイント

呼吸機能が慢性的に低下した利用者では、かぜなどをきっかけに呼吸の状態が悪化することがあります。また、体を動かしたときに、息苦しくなることがあります。

 ## 基準値より低いとき

測定値が、基準値より5%程度低いとき
【例】基準値　95%　　測定値　90%

↓

呼吸状態の悪化が疑われる。　→　すぐに医療職に連絡

↓

利用者の状態を観察。

観察のポイント

顔色など
気分はどうかを聞きましょう。顔色が悪いか、白く青ざめていないか、つらそうかを観察しましょう。

呼吸の状態
呼吸のリズム、数、深さに気をつけます。

脈拍
手首で脈が触れるか、触れても弱いか、速いかなどを確認します。

 ## 息が苦しそうなとき

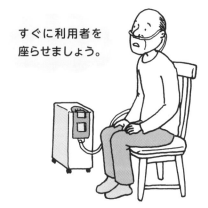
すぐに利用者を
座らせましょう。

酸素を吸入している利用者が、排泄、歩行など、体を動かしたときに、息が苦しそうになった。

↓

酸素飽和度を測定し、同時に利用者を観察。

↓

医療職に連絡

測定値が低くても、自己判断で酸素濃度を上げてはいけません。危険です。

●酸素濃度を上げると、二酸化炭素を十分に排出できなくなり、意識障害が起こることがあります。測定値が低いときの対処法をあらかじめ医療職と相談しておきましょう。

パルスオキシメーターによる測定で値を変動させる要因を知っておきたい

C子さんのプロフィール

- ・90歳、女性
- ・肺がんの末期
- ・痛み止めの薬を内服

- ・要介護5
- ・骨転移による痛み
- ・在宅酸素療法（HOT：Home Oxygen Therapy）

? 介護職の悩み

　C子さんは、2カ月ほど前から背中の痛みを訴え、整形外科では異常なしと診断されました。その後、肺がんで「余命4カ月」と診断され、定期的に訪問診療を受けながら療養しています。右の肺が機能していないため、在宅酸素療法を行っています。息苦しさがあり、左を下にしてやや側臥位に近い体位で横になっています。悪い方の肺に負担をかけると酸素の取り込み（SpO$_2$）は悪くなるため、このような体位をとるのがよいと、主治医に

いわれています。また、意識や認知機能はしっかりしていて、話もできます。

　同居の娘さんが仕事に出かけて留守になる日中は、複数の介護職が曜日ごとに交代し、ケアにあたっています。介護職は、パルスオキシメーターの装着を行い、酸素飽和度を測定して記録しています。パルスオキシメーターの場合、さまざまな要因で正しく測定できないことも多いと聞いたことがあります。変動の要因には、どのようなものがありますか。

医療職のコメント

　変動の要因には、「直射日光など強い光が当たっている」「手が冷たくて血流が悪い」「汚れやハンドクリームがついている」などがあります。「指が奥まで挿入されていない」「測定しているときに手や指を動かした」など、測り方で測定値が変化することもあります。正しい測定値を得るためには、これらの要因をなくすことが大切です。

　また、表示された脈拍数が適切であれば、その測定値は正しいと判断できますから、利用者の脈拍数の基準値も知っておくようにしましょう。

　なお、機器によっても測定値に差が出る

ことがあります。パルスオキシメーターは通信販売で購入することもできますが、勝手に測定機器を変えたりせず、同じ機器を使うようにしてください。

　C子さんの状態把握や必要なケアに関しては、主治医や看護職と十分な意思疎通を行い、その一環としてパルスオキシメーターによる測定を位置づけ、測定値の変動に振り回されることがないようにしましょう。

　体位について、たんの喀出（かくしゅつ）が困難な場合、同じ体位をとり続けるとさらに呼吸状態の悪化につながることがあるため、医療職の指示を受けましょう。

爪切り

健康な大人であれば、誰もが自分で行う爪切りも、利用者に行う場合には、細心の注意が必要です。皮膚を傷つけたりしないように、気をつけましょう。

 **利用者に声をかけ
安楽な姿勢をとってもらいます。**

安楽な姿勢を保てるようにします。

CHECK!

☐爪に異常がない。
☐周囲の皮膚に化膿や炎症がない。
◆異常があるときは、爪切りを行わず、医療職に報告する。

●爪切りのタイミング
・入浴後
・手浴・足浴のあと
・蒸しタオルで温めてから

蒸しタオルで温めると、爪が軟らかくなり切りやすくなります。ただし、温まった皮膚が傷つくと、出血しやすいので注意しましょう。

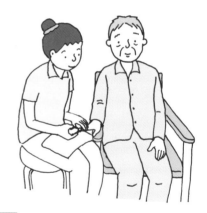

明るい照明の下で行いましょう。

爪を切る道具

爪切り　　　ニッパー付き爪切り

ニッパー

ヤスリ

●ゾンデは、フットケアの専門家用の器具なので、介護職は使用しません。

② 爪の先を四角く切ります（スクエア切り）。

●数回に分けて切ります。

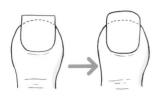

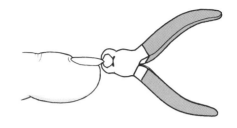

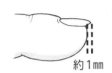

先端を皮膚から少し
残しましょう。

約1mm

●ニッパーの歯を爪に
垂直に当てます。

③ 角にヤスリをかけます。

角を丸くします。

●どうしても爪切りが必要で、利用者
がじっとしていられないなど、皮膚
を傷つけるおそれがある場合、ヤス
リだけで爪を整えます。

皮膚を傷つけないための工夫

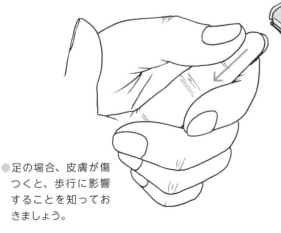

利用者の皮膚を指の付け根の方
へ引くと、皮膚が爪から離れ、
どこを切ると安全かがわかりや
すくなります。

●足の場合、皮膚が傷
つくと、歩行に影響
することを知ってお
きましょう。

●指先が盛りあがって爪にくっついているよう
に見えたり、爪との間が白くなり、皮膚か汚
れなのか見分けがつきにくい場合は、上のよ
うにすると、皮膚を傷つけずにすみます。

基礎知識① 爪の役割

小さな爪も、大切な役割を果たしています。その役割が果たされなくなると、生活が不活発になることがあります。爪の大切さを理解するようにしましょう。

💜硬い爪が指先を守っている

爪は、皮膚の最も表面にある角質が硬くなったものです。

●主な成分は、ケラチンという繊維状のたんぱく質。
●爪は、1日に約0.1mm伸びる。

●足の爪は、手の爪より伸びるのが遅い。
●高齢になると、爪は硬くなり、切りにくくなる。

爪の役割

・指先を保護している。
・指先の繊細な感覚にかかわっている。
・指先に力が加わったときに支える。

手入れが悪く、爪が十分に役割を果たせないと、さまざまな問題が起こる可能性がある。

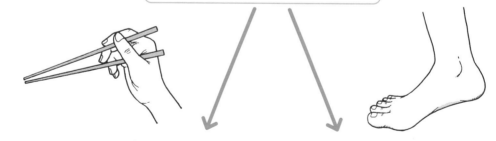

・手先に力が入らない。
・細かい作業をうまく行えない。
・伸びた爪で、自分の顔や体を傷つけやすい。
・伸びすぎると、爪が折れたり、はがれたりすることがある。

・足先に力が入らず、体を支えたり、歩いたりするのが困難になる。
・歩行を避けるようになり、生活が不活発になる。
・汚れが爪にたまり、感染症にかかる可能性がある。

基礎知識② 爪白癬、糖尿病

爪に異常がある場合などは、医療職が爪のケアを行います。介護職が爪切りを行ってはいけないのは、どんな場合かを理解しておきましょう。

♥介護職と爪切り

次のような場合は、介護職が爪切りを行ってはいけません。

- 巻き爪、陥入爪（かんにゅうそう）
- 爪の周囲の皮膚に炎症や化膿が起こっている
- 白癬（はくせん）（水虫）がある
- 糖尿病などの病気があり、専門的な管理が必要 など

白癬（水虫）

水虫は、真菌（カビ）の一種の白癬菌が、皮膚の角質層に感染して起こります。

- 足の裏にポツポツと小さい水ぶくれ。
- 指の間のジクジク、カサカサ。
- 足の裏全体が厚く硬くなる。
- 夏場や暖かすぎると、かゆみが強まる。

↓

水虫を放置すると、爪に白癬菌が入り込み、爪白癬になる。
- かゆみはない。
- 爪が白く濁って厚くなる。
- ボロボロと爪が欠ける。

↑

塗り薬だけでは治りにくいので、抗真菌薬の内服薬を使う。

- 爪白癬が起こらないように、次のような点に注意して水虫を予防しましょう。
  ・足を清潔に保つ。
  ・足を乾燥させる。
  ・靴下は、通気性のよい5本指のものを使う。

糖尿病

糖尿病とは、血液中のブドウ糖（血糖）が過剰になり、その状態が続く病気です。

- 全身の動脈硬化が進み、血流が悪くなる。
- 神経が障害される。
- 免疫の働きが低下する。
- さまざまな病気や感染が起こりやすくなる。

↓

- 痛みを感じにくい。小さな傷などに気づきにくくなる。
- 小さな傷から、潰瘍（かいよう）、壊疽（えそ）が起こることがある。足の切断が必要になることもある。
- 足が変形することがある。たこやうおのめができやすくなる。
- 傷が治りにくくなる。

↑

医療職によるフットケア

見落とせない！ リスクポイント

切り方が不適切で、足の爪にトラブルが起こることがあります。ときには、歩行に支障が生じ、治療が必要になることもありますから、正しく切ることが大切です。

 ## 巻き爪・陥入爪

爪を切りすぎると、巻き爪や陥入爪が起こりやすくなります。主に足の親指に起こります。

❶爪を切りすぎる。

深爪　　バイアス切り

❷露出した皮膚が、下から押されて、盛り上がる。

❸爪の先端や端が、盛り上がった皮膚に当たって、正常に伸びなくなる。

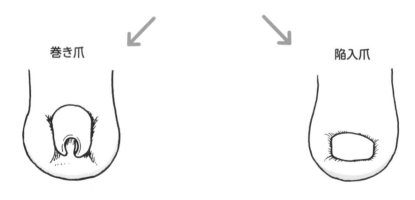

巻き爪　　　　　　　　陥入爪

爪の端が内側に巻いている　　　爪の先端や端が皮膚に食い込んでいる

・皮膚が傷つき感染することがある。
・化膿して痛みが強くなると、歩きにくくなる。
・歩くのを避けるようになり、廃用症候群を招く。
・寝たきりになる可能性もある。

デイサービスを休んでいる間に、爪が食い込み、痛むようになった

D子さんのプロフィール

- ・75歳、女性
- ・家族と同居
- ・要介護2
- ・脳梗塞の後遺症により右の手足が軽度麻痺

❓ 介護職の悩み

D子さんは、毎週デイサービスを利用しています。デイサービスで入浴したあとに、介護職が爪切りを行っていました。ところが、かぜをひいたり、気分がのらないなどの理由で、1カ月間ほどデイサービスを休み、その間は息子さんが世話をしていました。

久しぶりにデイサービスに訪れたので、入浴の介助を行ったところ、D子さんは、"足が痛む"といいました。足を見ると、親指の爪の両端が少し巻いていて、皮膚に食い込み腫

れていました。D子さんの話では、デイサービスを休んでいる間は、息子さんが"すぐに伸びると、また切らないといけないから短めに切っておこう"といって爪切りをしてくれていたそうです。また、何日か前にD子さんが「痛い」と訴えると、食い込んでいるところを切ればいいだろうと、さらに短く切ったようです。D子さんには、どのように対応すればいいでしょうか。

➕ 医療職のコメント

爪が内側に巻いた状態を「巻き爪」、爪の端や先端が皮膚に食い込んだ状態を「陥入爪」といいます。巻き爪と陥入爪の原因の1つが深爪です。D子さんは、深爪によって、巻き爪と陥入爪が合併して起こったものと考えられます。また、腫れて痛みがあるとのことですから、感染が起こっている可能性もあります。

巻き爪や陥入爪で痛みが生じると、その部分の爪を切ればいいと考える人が多くいます。ところが、さらに深爪をすると、一時的に痛みが軽くなっても、爪が伸びると痛みが強まってしまいます。

陥入爪など爪の異常で痛みがある場合に

は、介護職は爪切りを行うことはできず、今後の対応は医師と相談して看護職が対応することになります。まずは、デイサービスの看護職に状態を観察してもらいましょう。そのうえで、家族に、D子さんの爪の状態について説明し、受診が必要であることを伝えます。

なお、在宅の利用者の場合、家族による爪のケアが不十分であることもあります。利用者の爪が、深爪になっていたり、逆に伸びすぎたりしていないか、観察することが大切です。

口腔ケア

利用者が自分で歯を磨くことができない場合は、介護職が、口の中の汚れを拭きとり、歯磨きや入れ歯の手入れを行います。口腔ケアは、歯肉炎や肺炎などの感染予防につながります。

●歯、粘膜、舌の清掃

 ① 利用者にリラックスしてもらいましょう。

頬や口の周囲を
軽くマッサージ
しましょう。

CHECK!
- □表情や顔色がいい。
- □受け答えはいつも通り。
- □咳などはない。
- □いつもと変わった様子はない。

●口腔ケアを嫌がる場合は、しばらく時間をおきます。

肩や腕などを大きく動かしてリラックス。

↓

・深呼吸
・両腕を上げる
・肩を上げたり、下ろしたりする
・首を左右に傾ける
・顔を左右に向ける　など

肩をすくめるように上げる

力を抜いてストンと
肩を落とす

用具のいろいろ

歯間ブラシ

歯ブラシ　スポンジブラシ

ガーゼ

タオル

洗面器

コップ

吸い飲み

使い捨て手袋

ガーグルベースン

容器

② 姿勢を整えます。

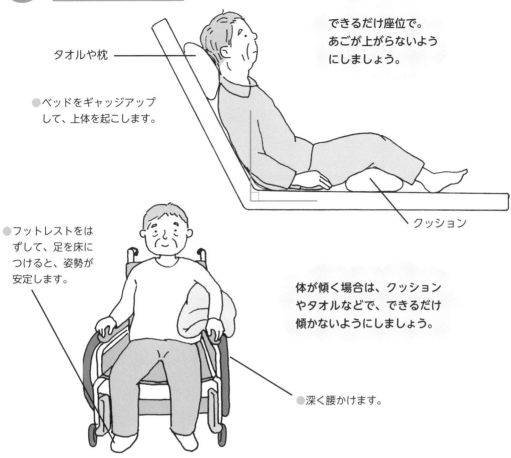

タオルや枕

● ベッドをギャッジアップ
して、上体を起こします。

できるだけ座位で。
あごが上がらないよう
にしましょう。

クッション

● フットレストをは
ずして、足を床に
つけると、姿勢が
安定します。

体が傾く場合は、クッション
やタオルなどで、できるだけ
傾かないようにしましょう。

● 深く腰かけます。

意識障害、寝たきりなどで座位をと
れない場合は、セミファーラー位（20
～30度）で顔を横に向けましょう。

顔が上を向いている。
あごが上がっている。
↓
誤嚥（ごえん）が起こりやすい。
うがいを吐き出しにくい。

● セミファーラー位にできない場合は、
側臥位（そくがい）にするか、仰臥位（ぎょうがい）（あおむけ）
で顔を横に向けるようにします。

● 片麻痺がある場合、
健側を下にします。

顔を横に向ける。
あごを引く。
↓
誤嚥が起こりにくい。
うがいを吐き出しやすい。

③ うがいをしてもらいます。

※うがいをできない場合は④へ。

口に水を含み、左右の頬をふくらませて、"ブクブク"してもらいましょう。

図のような容器や洗面器、ガーグルベースンなどに、うがいを吐き出します。

● うがいをすることで、食べかすが取り除かれるとともに、口の中を湿らせることができます。

胸元にタオルをかけます。

④ 口腔内の粘膜を清掃します。

● 使い捨て手袋を着用しましょう。

唇と歯肉の間、歯列の裏側の歯肉、上あごや口の奥、頬の内側などにスポンジブラシを当て、汚れを拭きましょう。

スポンジブラシで

コップに水、うがい水を入れておきます。そこへスポンジブラシを入れ、指で押さえて軽く絞ります。

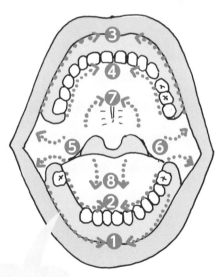

歯のないところも、スポンジブラシで清掃します。

● 長く口を開けるのは負担になるので、休みを入れて行いましょう。

● 途中、何度もスポンジブラシをコップの水で洗います。適宜水を替えましょう。

● 頻繁に声をかけながら行いましょう。反応がない場合でも、声かけすることが大切です。

ガーゼを指に巻いて

湿らせたガーゼを指に巻き、
なぞるようにして、やさしく
汚れを拭きましょう。

● スポンジブラシで拭くのと同じように拭いて
いきます。
● 指を噛まれないように注意します（54ページ
「口を開けていられない場合」参照）。

⑤ 歯ブラシで歯を磨きます。

歯ブラシを鉛筆のように持ち、や
さしく小刻みに動かしましょう。

● 歯ブラシで、歯の表面や、歯と歯肉の間に
付着しているプラーク（細菌の塊）を取り
除きます。

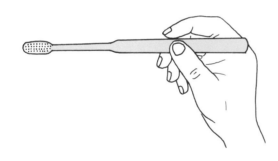

歯ブラシを3本の指で鉛筆を持つよう
に持つと、力が入りすぎない。

↓

・やさしく小刻みに動かすことができ、
プラークが落ちやすい。
・強くゴシゴシとこすると、プラーク
が落ちにくく、歯肉が傷つきやすい。

歯と歯肉の境目に当たって
いるか、注意しましょう。

歯

歯肉

歯ブラシは、斜め、あるいは直角に当てます。

● 自分でできる部分は、自分
で磨いてもらうとよいでしょ
う。その場合、磨き方が
不十分なところを介護職が
磨きます。

前歯の裏側は、歯ブラ
シを縦に当てましょう。

上の前歯の裏側

下の前歯の裏側

磨く順番を決めておくと、磨き
残しをなくすことができます。
下はその一例です。

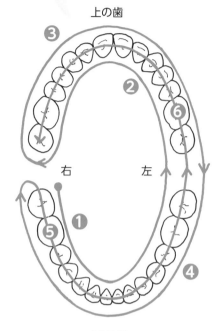

上の歯

右　　　左

下の歯

奥歯の噛み合う面の
細い溝も磨きます。

歯のすべての面を
磨きます。

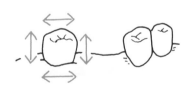

● 両隣に歯がない場合は
　左右の側面、前側、裏
　側を磨きます。

歯と歯の隙間には、
歯間ブラシ、デン
タルフロスを使い
ましょう。

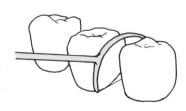

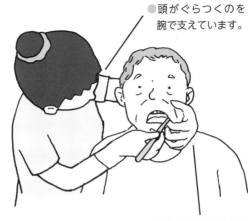

●頭がぐらつくのを
腕で支えています。

利用者の状態や姿勢に合わせて、斜め横から、あるいは、顔を向かい合わせて、磨きます。

●歯磨き剤は、毎回ではなく、1日に1回程度使えばよいでしょう。歯磨き剤は、研磨剤、界面活性剤、保存料、色素などの化学物質を含んでおり、粘膜や弱くなった歯を刺激したり、アレルギーを起こすことがあります。

●空いているほうの手で、あごを固定したり、唇を軽く引いたりします。

電動歯ブラシ

口にブラシを入れ、"スイッチを入れます"と声をかけて、スイッチを入れます。

●電動歯ブラシは、歯磨きをすばやく行うのに便利です。

●電動歯ブラシに慣れていない利用者には、使用前に歯ブラシが振動することを伝えます。実際に口の中に入れる前に、一度利用者の手に当てて、振動がどのようなものかを経験してもらいましょう。

●口にブラシを入れてからスイッチを入れます。
●1カ所に2～3秒当てて、次に移ります。
●強く当てすぎないように注意しましょう。

⑥ 舌を清掃します。

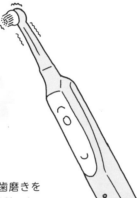

無理せず、やさしく！
やりすぎない！

●舌ブラシ、やわらかい歯ブラシを舌に当て、奥から手前に動かします。
●舌を強く、また奥まで刺激しないようにします。

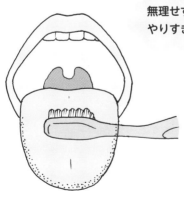

⑦ ぶくぶくとうがいをしてもらい、終了。

●入れ歯の清掃

 入れ歯をはずします。

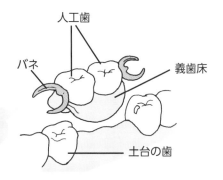

人工歯

バネ

義歯床

土台の歯

部分入れ歯の場合

バネを残った自分の歯に
はめて、固定するように
なっています。

人差し指の爪をバネ
にかけて下げます。

親指の爪をバネに
かけて上げます。

上の部分入れ歯

下の部分入れ歯

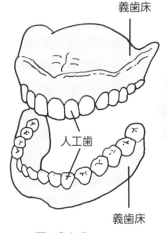

左右にバネがある場合は、左右
同時に土台の歯からはずします。

総入れ歯の場合

上の入れ歯

義歯床

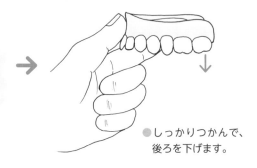

次に上の入れ歯を
はずします。

下の入れ歯を先に
はずします。入れ
歯の端を引き上げ
ると、はずれます。

人工歯

義歯床

下の入れ歯

●しっかりつかんで、
後ろを下げます。

●ブリッジは、はずすことはできません。人工の歯を、
抜けた歯の両隣の歯にかぶせて固定してあります。そ
の部分も通常の歯磨きを行います。

② 入れ歯を歯ブラシで磨きます。

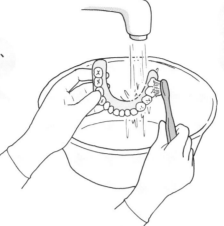

水道の水を流しながら、歯ブラシで磨きます。

● 歯磨き剤は使いません。
● 熱湯をかけないようにしましょう。

歯の付け根、バネの周囲、粘膜と密着するところに汚れがたまりやすいので、ていねいに磨きましょう。

● 洗面器に水を張ります。入れ歯を落としても、壊れずにすみます。

③ 入れ歯を装着します。

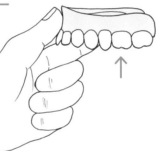

総入れ歯の場合、先に下の入れ歯をはめます。次に、上の入れ歯の中央部を人差し指で押し上げてはめます。

● 部分入れ歯は、土台の歯にバネがかかるように、はめます。左右にバネがある場合は、左右同時にバネがかかるようにします。

● 利用者に入れ歯を手渡すときは、ティッシュなどを使い、直接入れ歯を持たないようにするのが、マナーです。

● 入れ歯をはずしたままにすると、入れ歯が合わなくなるので、夜間にはず以外は、はずしたままにしないでください。

週に1〜2回は、洗浄剤を使います。
① コップや容器に、かぶるくらいの水を入れ、洗浄剤を入れます。
② 入れ歯を入れます。
③ 入れ歯を取り出し、水で洗い流します。
＊洗浄剤にはさまざまな種類があり、入れておく時間や使用方法は、洗浄剤の種類によって異なることがあります。

就寝時の保管
水を張った専用のケースに入れておきます。

吸引器

麻痺、嚥下障害、意識障害などがあると、口腔内に
たまった唾液を誤嚥（ごえん）する危険性があります。

吸引器を使い、唾液を吸
引しながら清掃し、誤嚥
を防止します。

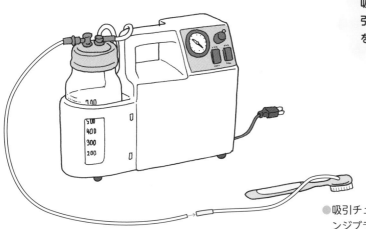

●吸引チューブのついた歯ブラシやスポ
ンジブラシを吸引器に接続します。

口を開けていられない場合

意識障害などがあると、歯ブラシなどが口に入ったときに、反射的に
噛んでしまうことがあります。また、口を開けようとしない利用者も
います。

介護職の指に市販のカバー
を装着して、口を開けた状
態を保ちます。

ガーゼを指の太さ程度に巻いた
ものを、上下の歯の間に挟むだ
けでも、口を開けたままにして
おけます。

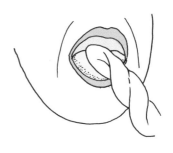

●利用者の奥歯に装着するバイトブロック
を利用する方法もあります。

認知症の利用者の場合

認知症があると、体に触れられるのを嫌がり、口腔ケアを嫌がることがあります。

対策
・口腔ケアを無理に行うのはやめましょう。
・楽しい雰囲気づくりを工夫しましょう。
・体に触れられるのに慣れてもらうことから始めましょう。

 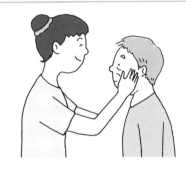

●手を握ったり、肩をもんだりして、体に触れられるのに慣れてもらいましょう。

●頬に手のひらを当てたり、口の周りをマッサージして、顔に触れられるのに慣れてもらいます。その後に、歯ブラシを口に入れることに慣れてもらいましょう。

口を開けない場合

利用者が口を開けてくれない場合、その原因が何なのかを評価（アセスメント）し、原因に応じた対応をとるようにしましょう。

体が緊張状態にある。

あごや首などをマッサージするなど、リラックスできる方法を探ります。

「長い間口から食事をとっていない」「長い間口腔ケアを受けていない」「脳血管障害の影響」などで、口の中が過敏になっている。

口腔内に触れられるのに徐々に慣れてもらい、過敏な状態を改善します。まず、歯肉を指の腹で、奥から前にじっくりとさわります。慣れてきたらスポンジブラシで、さらにやわらかい歯ブラシで触れられるのに慣れてもらいます。

歯ブラシが当たって痛かったなど、以前口腔ケアで嫌な思いをした。

安心できるような介助で信頼関係をつくり、不安を軽減させていきます。

虫歯や歯周病、顎関節症などがある。

治療を受けてもらいましょう。

基礎知識 ① 口腔ケアの効果

誰でも口の中が清潔になると、気持ちよく感じるものです。毎日の口腔ケアは、そればかりではなく、全身状態や生活のあり方によい影響をもたらします。

口腔ケア
口腔の清掃、プラークや固まったたんの除去、入れ歯の手入れなど

虫歯・歯周病の予防　　味がよくわかるようになる　　誤嚥性肺炎の予防

食欲増進　　口臭予防　　栄養状態が改善

口から食事をとれませんでしたが、いまではおいしく食べられます。

気持ちが明るくなって、人とのつきあいにも積極的になりました。

- ●味覚がよくなり、塩分摂取量が減少。
- ●気道感染など感染症の予防。
- ●歯肉や粘膜の血行改善。
- ●唾液による自浄作用が高まる。
- ●生活リズムが整う。
- ●口腔内の観察の機会が増える。
- ●摂食機能や構音・発声機能などの維持・改善。
- ●排泄トラブルが減少。

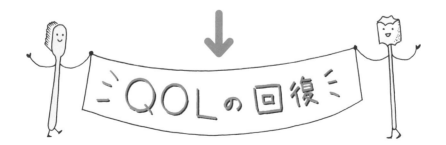

QOLの回復

●狭義の口腔ケアの内容は、主に口腔の清掃、プラークの除去、入れ歯の手入れです。
広義の口腔ケアには、摂食、咀嚼、嚥下、構音、発音などの訓練、審美性を維持するためのケアも含まれます。

基礎知識② 口の状態と肺炎、認知症

歯周病菌など口の中に存在する細菌や、歯周病などで歯を失うことが、全身に影響を及ぼし、さまざまな病気にかかわっていることがわかっています。

❤ 誤嚥性肺炎と口腔ケア

唾液や飲食物などを誤嚥すると、口腔内の細菌が、それらに混じって肺に入り、肺炎を起こすことがあります。このような肺炎を「誤嚥性肺炎」といいます。

● 口腔内の細菌は、口腔ケアを行うと減少する。

● 誤嚥性肺炎の起こる確率は、口腔ケアを行うと、行わない場合の約半分に低下する。

経管栄養などで口から食べていない人も、口腔ケアが大切！

歯周病の全身への影響

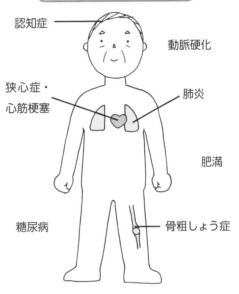

認知症

動脈硬化

狭心症・心筋梗塞

肺炎

肥満

糖尿病

骨粗しょう症

● 歯周病は、全身のさまざまな病気にかかわっているといわれています。

❤ 認知症と咀嚼機能

65歳以上の健康な人を対象に、4年間に、認知症を伴う要介護認定を受けたかどうかを調べた調査では、次のように報告されています。

● 「歯がほとんどなく、入れ歯を使わない人」の認知症発症のリスクは、「20本以上歯がある人」の約1.9倍。

● 「あまり噛めない人」の認知症発症のリスクは、「なんでも噛める人」の約1.5倍。

● 歯周病などの炎症が直接脳に影響を及ぼしたり、咀嚼機能の低下が認知機能の低下を招いている可能性があると考えられる。

❤ 脳の萎縮と歯の数

平均年齢70歳代後半の人を対象に、脳の萎縮の状態や、歯の本数を調べた調査では、次のようなことがわかっています。

● 残っている歯が少ないほど、脳の萎縮が進んでいた。

● 残っている歯の平均は、アルツハイマー型認知症（36人）では約3本、脳血管性認知症（39人）では約6本、認知症ではない人（78人）では約9本だった。

残っている歯が少ない場合も、そのままにせず、入れ歯を使うようにして、よく噛むことが大切であると考えられています。

基礎知識 ③ 口の体操（口腔体操）

声を出して口を動かしたり、舌を動かしたりする簡単な体操で、口の周りの筋肉や舌が鍛えられ、食べ物を噛んで食べる機能が維持されます。

ケアカンファレンスで、利用者に口の体操を行っていいかどうかを確認しましょう。利用者が楽しく行えるように、介護職も一緒に行うとよいでしょう。

❶ 唇の体操

一文字ずつ区切って、はっきりと発音します。

あ、い、う、え、お
パ、ピ、プ、ペ、ポ

❷ 舌の体操

舌を前に出します。　　舌を上下に動かします。　　舌を唇にそって回します。右から、左から、回します。

❸ 頬の体操

唇を横に引きます。頬が上がるくらいに「イー」と横に引きましょう。　　口と目を大きく開けます。　　頬を左右交互にふくらませます。

❹ 発声練習

「ぱ、た、か、ら」を一文字ずつ区切って、はっきりと発音します。

ぱ、た、か、ら

❺ 早口言葉での発声練習

「生麦生米生卵」「隣の客はよく柿食う客だ」「青巻き紙赤巻き紙黄巻き紙」「東京特許許可局」など

見落とせない！ リスクポイント

利用者の口の中の状態によっては、ケアを行ってはいけないことがあります。また、利用者によっては、ケア中に誤嚥が起こり、ケアを中止しなければならないこともあります。

 ## 口の中の異常

- 出血がある。
- 歯肉が腫れている。
- 歯がグラグラしている。

このようなときは、口腔ケアは行わず、医療職に連絡しましょう。

 ## ケア中の誤嚥

利用者の状態によっては、口腔ケアを行っているときに、唾液やうがいの水を誤嚥することがあります。

次のような利用者は、誤嚥が起こりやすいので、特に注意して口腔ケアを行いましょう。

- ●意識障害　　●寝たきり
- ●嚥下障害　　●麻痺
- ●経管栄養　　●気管切開

誤嚥のサイン

咳き込む
むせる

誤嚥のサインがあったときは、ケアを中止し、医療職に連絡し、様子を見守りましょう。

不顕性誤嚥

　通常、唾液や飲食物など空気以外のものが気管に入りそうになると、それを吐き出そうとして、反射的に咳やむせが起こります。そのため、飲み込む機能が低下した高齢者では、口腔ケア中や食事中などに、むせや咳き込みがあったときには、誤嚥が疑われます。

　ところが、誤嚥しても、むせや咳き込みが起こらないことがあります。このような誤嚥は「不顕性誤嚥」と呼ばれます。不顕性誤嚥は、夜間就寝中に起こりやすく、誤嚥性肺炎につながりやすいといわれています。

　口腔ケアによって、口腔内の細菌の増殖が抑えられていれば、不顕性誤嚥による肺炎も起こりにくくなると考えられます。

第2章　口腔ケア

耳垢の除去

耳垢（じこう）は、自然と外に排出されるものなので、必ず除去しなくてはならないというものではありません。実施する場合は、耳の穴を傷つけたりしないように注意しましょう。

① 上体を起こした姿勢にします。

明るい照明の下で
行いましょう。

● 耳の中が適度に湿った入浴後に行うと、除去しやすくなります。

● 認知症などがあり、耳に触れられるのを嫌がる場合、危険ですから、無理に行うのはやめましょう。可能であれば、一度耳鼻咽喉科を受診し、その後の受診の必要性や耳のケアについて相談します。

② 耳かき、または綿棒で、耳垢を除去します。

● 力を入れずに、やさしく耳垢を取り除きます。利用者が痛みやかゆみを訴えたときは、中止します。

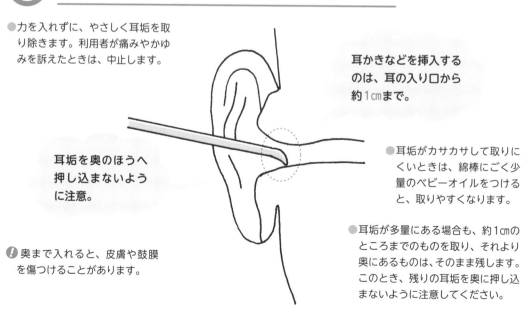

耳かきなどを挿入するのは、耳の入り口から約1cmまで。

耳垢を奥のほうへ
押し込まないよう
に注意。

● 耳垢がカサカサして取りにくいときは、綿棒にごく少量のベビーオイルをつけると、取りやすくなります。

⚠ 奥まで入れると、皮膚や鼓膜を傷つけることがあります。

● 耳垢が多量にある場合も、約1cmのところまでのものを取り、それより奥にあるものは、そのまま残します。このとき、残りの耳垢を奥に押し込まないように注意してください。

基礎知識　耳の構造と耳垢

耳垢は、どの辺りにたまりやすいのでしょうか。また、人の手で除去しないと、たまり続けるものなのでしょうか。耳の奥の構造や、耳垢のでき方などを理解しましょう。

> 耳の構造

●外耳は、周囲の音の入り口で、その音を中耳に伝える。
●中耳は、鼓膜がとらえた音の振動を、増強して内耳に伝える。
●内耳は、音の信号を脳へ送り、体の傾きなどを感知する（平衡感覚）。

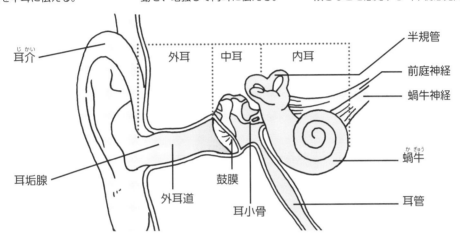

耳垢のできかたと役割

耳垢は　不必要な汚れと思われがちです。しかし、耳垢にも役割があります。

●外耳道の長さは約3〜5cm。耳介寄りの3分の1のところに、耳垢腺があり、耳垢がたまる。耳垢は奥のほうにはたまらない。
●耳垢腺から分泌される物質と、皮膚の垢が混ざって、耳垢ができる。
●耳垢は、酸性で、たんぱく分解酵素を含み、殺菌作用がある。
●脂肪を含んでおり、皮膚を保護している。虫が耳のなかに侵入するのを防ぐのにも役立っているといわれる。

余分な耳垢は、自浄作用によって、耳介のほうへ、自然と排出される。

↓

原則として、耳は、あまりいじらないほうがよい。

第2章

耳垢の除去

第2章　整容行為　61

見落とせない！ リスクポイント

通常は、耳垢は、そのままにしておいて問題ありません。むしろ除去しようとして、押し込んだり、耳のなかを刺激して、治療が必要になることのほうが問題です。

 ## 耳垢塞栓（じこうそくせん）

耳垢を除去しようとして、逆に耳垢が押し込まれることがある。

↓

耳垢塞栓
耳垢が、奥にたまって外耳道をふさいだ状態。外耳道が完全にふさがると、かゆみ、難聴、耳の閉塞感、耳鳴り、めまいなどが起こることがある。

●耳垢塞栓の場合は、耳鼻咽喉科で耳垢を除去する治療を受けます。

 ## 外耳炎など

耳かきや綿棒で強くこすりすぎたり、奥へ入れすぎたりすると、外耳道や鼓膜が傷つく。

↓

外耳炎になる…痛み、耳だれ
おできができる…痛み
湿疹になる…かゆみ

●外耳炎などの場合、軟膏や点耳薬などによる治療が必要になります。
●耳垢除去を行っているときに、人がぶつかったりして、鼓膜が破れることもあります。

事例　外耳が汚れ、耳の入り口に多くの耳垢が見えている

E子さんのプロフィール

- ・84歳、女性
- ・通院して放射線治療を受けている
- ・膀胱がん

- ・要介護1
- ・少し耳が遠い

❓ 介護職の悩み

　E子さんは、放射線治療を受けていて、私は、家族の代わりに、通院につきそっています。E子さんは、おしゃれで、明るい性格です。看護師さんに「サンキュー」と声をかけ、調子を聞かれると「ベリーグッド」と答えます。ところが通院が2カ月目に入ったころから、「えっ？」と聞き返すようになり、会話も少なく、気難しい表情でいることが多くなりました。元気がないのも、治療の副作用のせいで仕方ないと、私は思っていました。

　あるとき、耳介や枕に石灰色の粉のようなものを目にしました。そこで耳をよく観察すると奥にも耳垢がたまっているのに気づきました。そういえば、放射線治療の副作用に気をとられ、耳の手入れをしていませんでした。聞き返しが増え、会話が少なくなったのは、治療の副作用ではなく、耳垢で聞こえが悪くなったせいでしょうか。カサカサとした耳垢が多く見られるときは、どうしたらよいでしょうか。

➕ 医療職のコメント

　このような場合は、まずは看護職に相談しましょう。こびりついてとりにくい耳垢は、ベビーオイルなどを使用して少しずつとります。このようなケアを看護職が行う様子を見て、学びましょう。そして、Eさんの状態との関係で、介護職が何をするのが妥当かについても看護職に相談してください。

　一般に、耳垢は自然と耳の外に出てくるものなので、必ずしも介護職が耳垢の除去を行わなくてはならないというわけではありません。しかし、臥床が多い場合や高齢者では自然に出てこない場合も見られます。耳垢がたまっても痛みなどはないため、利用者が"耳垢がたまっている"と訴えることはほとんどないので、介護職が、整容の一端として外耳を保清する際に観察することが大切です。

　なお、耳垢の除去では、外耳道を傷つけないように力を入れないことと、綿棒などを挿入する場合は、耳の入り口から1cmまでということを覚えておきましょう。

軽微な切り傷・擦り傷・やけどの処置

介護職が手当てするのは、軽い切り傷や擦り傷、やけどです。感染が起こることもありますから、傷口に直接触れないように注意しながら、手当てするようにしましょう。

●切り傷

① 手をよく洗います。

速乾性アルコール製剤を使った手指消毒か、石けんと流水による手洗いをしましょう。

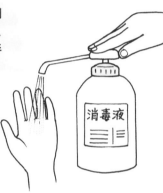

CHECK!

□傷は浅く、出血は止まっている。

□やけどは小さく、深くない。

◆傷の深さや出血、やけどの程度などによっては、受診が必要。

●出血している場合、清潔なハンカチ、タオルなどで傷を覆い、傷のすぐ下をしっかり握る、押さえるなどして止血します。

●出血が多い場合、傷を心臓より上にします。もしそれでも止血できない場合は受診しましょう。

② 傷口を洗い流します。

水道水を流しながら、しっかりと異物を流しましょう。

●洗い流すことで、付着する細菌が減少します。衛生状態が悪いなど感染の危険性のある環境で傷を負った場合を除き、一般に、消毒薬の使用は勧められていません。

利用者を移動させられないときは、やかんなどに水道水を入れて、その場で洗い流します。

●ベッドではタオル、シート、ビニル袋、新聞紙などを敷きます。ビニル袋や洗面器、バケツなどで水を受けるとよいでしょう。

③ 傷口を、自然に乾かします。
（傷が治るためには少しの湿り気が必要です）

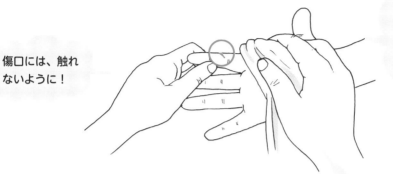

傷口には、触れ
ないように！

傷口の周辺の水分
は、清潔なガーゼ、
ハンカチ、タオル
などで拭きます。

● 傷に手やガーゼなどで触れると、
感染する可能性があります。

消毒はしません。消毒により細菌
は死にますが、同時に傷口の細胞
も死ぬことがあります。

④ 傷口を保護します。

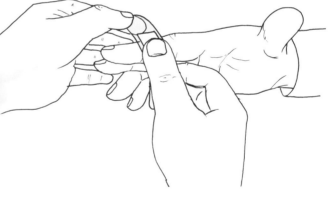

透明のフィルム、または
滅菌ガーゼ、ガーゼ付き
絆創膏を使います。

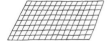

● 介護職は、汚れたガーゼの交換を行うことが
できます。ガーゼが汚れたときは、交換して、
感染を防ぎましょう。
● 赤み、熱感、痛み、腫れなどの症状が現れた
場合は、傷口に感染が起こったことが疑われ
ますから、医療職に連絡しましょう。

数分経っても、血がにじんでくるとき

最初に貼ったガーゼ付き
絆創膏の上に、新しいも
のを重ねて貼ります。

1～2分間上か
ら押さえて、出
血を止めます。

●1～2分間押さえても血
がにじんでくる場合には、
医療職に連絡します。

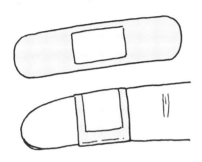

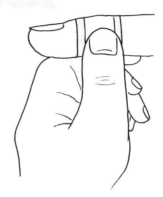

●折りたたんだティッシュペーパーやガーゼなどを、絆創膏の上から当てて圧迫したり、
圧迫する手指にビニル袋やラップフィルムをかぶせたりすることで、血液がにじんでき
た場合にも、血液との接触を避けることができます。

●ティッシュペーパーやガーゼなどで圧迫しすぎて指先の血流が途絶えていないかに注意
します。皮膚の色が変化していないか、冷たくなっていないかを確認しましょう。輪ゴ
ムでは絶対に縛りません。血流を止めます。

●擦り傷

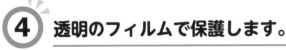

①～③ 切り傷の場合と同様に行います。

●傷口に異物が入り込んでいる場合は、少し強めの流水で洗います。異物を無理に取ると
出血することがあるので、流水で取れない場合、無理には取り除かず、医療職に連絡し
ましょう。

④ 透明のフィルムで保護します。

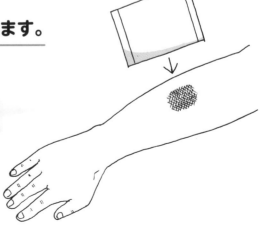

衣類や物が傷口に当たる
場合などは、傷口を保護
しましょう。

●感染していない軽い傷であれば、何も貼らず
に自然のままにするか、適度な湿り気で傷の
治りをよくする市販のフィルムで覆います。

●やけど

① できるだけ早く、水で冷やします。

患部に水道水を約10分間
流し続けましょう。

水をかけ続けることで、体温
が低くならないように注意。

水疱（すいほう）が破れると感染しやすいので
水疱が破れないように注意。

●患部以外の水がかからないところをタオルや
衣服などでカバーし、保温します。

●水疱がある場合、水の勢いが強すぎたり、水
疱に直接流水がかかると、水疱が破れること
もあるので、水の勢いが強すぎないように、
また直接流水を当てないように注意します。

移動できないときは、その
場で冷やしましょう。

衣服を着ているところにや
けどを負った場合は、衣服
を着たまま、水を流します。

●衣服を脱がせると、患部
の皮膚がはがれるおそれ
があります。

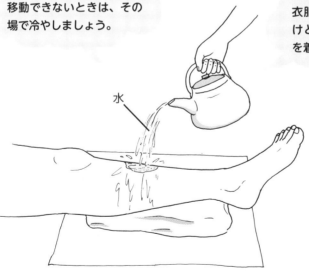

水

② 医療職に連絡します。

●冷やしたあとの対応は、医療職と連携して行いましょう。
●自己判断で消毒薬を使ったり、軟膏、調味料、植物を塗ったり貼ったりしてはいけません。

基礎知識 やけど

外部から熱が加わることで皮膚が損傷を受けた状態が、やけどです。やけどは、熱湯、炎などの高温の熱源だけではなく、湯たんぽなど比較的低温の熱源によっても起こります。

♥やけどの深さと症状

やけどの重症度は、その人の皮膚の状態や栄養状態、運動麻痺や知覚麻痺、糖尿病などの有無によって違ってきます。

● やけどの深さは、皮膚のどこまでが損傷を受けているかによって、Ⅰ度からⅢ度に分類されている。

● 体の表面の約20%にやけどを負うと、命にかかわるといわれている。

● 患部をすぐに冷やすのは、熱が皮膚の深いほうまで伝わるのを防ぐため。また、痛みをやわらげるため。

♥低温やけど

低温やけどは、カイロ、湯たんぽ、ストーブなどに長時間接触することで起こります。

● 44℃の熱が約6～10時間加わるとやけどが起こるといわれている。

● ゆっくり進行し、熱さを感じないこともあり、気づきにくい。

● 皮膚の深いところに、損傷が及んで、重症になりやすい。感染も起こりやすい。

● 最初は赤く、小さな水疱があるだけで、見かけ上は軽いやけどのように思える。あまり痛みを感じない。

やけどの深さ

深 度	外 見	症 状
Ⅰ度（表皮）	発赤、充血	痛み、熱感
Ⅱ度（真皮）	発赤、水疱、浸潤	強い痛み、灼熱感、知覚鈍麻
Ⅲ度（皮膚全層）	壊死、炭化、乾燥	無痛、知覚なし

利用者がやけどを負わないように注意しましょう。麻痺、パーキンソン病、認知症、糖尿病などがある利用者には、特に注意が必要です。

お風呂のお湯の温度にも注意。冬場は40℃以上にすることがありますが、熱いお風呂（50℃程度）だと短時間でも低温やけどのおそれがあります。

見落とせない！ リスクポイント

 ## 薬や持病の影響

使用している薬や持病によっては、軽い切り傷でも、出血が止まりにくかったり、治りにくいことがあります。その場合は、医療職に連絡するなど、適切に対応しましょう。

抗血栓薬を使っている利用者

抗血栓薬のワーファリンは、血液の塊（血栓）をできにくくする薬である。この薬を服用していると、傷からの出血がなかなか止まらなくなり、切り傷や擦り傷の処置をしたあとにも、出血していることがある。

処置をしてから数分後に、ガーゼなどから血がにじみ出ていないかを確認。出血が止まらないときは受診する。

糖尿病の利用者

糖尿病で血液中の糖分が過剰になっている状態では、血管そのものが傷んだり、血流が悪くなったり、免疫の働きが低下する。そのため、傷が治りにくく、感染が起こりやすくなる。

糖尿病の利用者が切り傷などを負った場合には、医療職に連絡。

蜂窩織炎が疑われるとき

小さな傷から蜂窩織炎が起こることがあります。これは、皮膚の深いところや皮膚のすぐ下の脂肪組織に炎症が起こる感染症です。広い範囲の皮膚が腫れて、痛みます。

症状

●全体的に赤く、腫れた感じ。
●触れると温かい、熱感がある。
●見るからに痛そう。実際に痛む。
●水疱、発熱、頭痛、悪寒、関節痛、むくみなどがある。

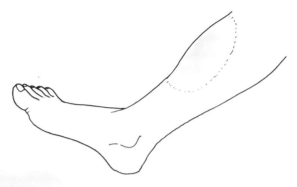

これらの症状がある場合は、蜂窩織炎が疑われます。すぐに医療職に連絡しましょう。

起こり方・治療など

●細菌は、下腿部や足の小さな傷などから侵入する。
●ときには敗血症が起こり、命にかかわることもある。
●抗生物資（抗菌薬）で治療する。

軽い傷ややけどの処置では、清潔を心がけて、感染を防ぎましょう。

ケアの注意点

●患部には、できるだけさわらない。
●汚れているときは、水でゆっくりしっかり流す。
●汚れがひどいときは　ごく少ない石けんを泡立てて、そっと患部につけ、ぬるま湯で洗い流す。
●洗ったあとに残った水分は、日光で乾かした清潔なタオルなどで、皮膚をこすらないように、やさしく表面に当ててそっと拭く。
●タオルでこすらないようにする。

●皮膚は、病原体などから体を守る"第一防衛線"です。小さな傷ややけどで、その防衛線が少しでも壊されると、感染が起こりやすくなります。

事例 素足で歩いて、擦り傷ができてしまい
傷からの感染が心配です

F子さんのプロフィール

・88歳、女性 ・要介護3
・アルツハイマー型認知症 ・ユニット型の特別養護老人ホームに入所

? 介護職の悩み

アルツハイマー型認知症のF子さんは、言葉は話せますが、自分の意思を伝えることは不十分です。食事は、用意されれば自分で食べることができます。尿意はありますが、居室内のトイレに行こうとして間に合わないことがあります。便意はわからないようで、トイレで排便できるときもありますが、紙おむつにしていることがあり、日常的に介護が必要です。

また、リハビリシューズを使っていますが、素足で室内を歩くことが多くあります。介護職が何度靴を履かせても、いつのまにか靴を脱いで、素足で歩いています。

足を何かにぶつけたりこすったりしたのか、足に軽い擦り傷ができていることがあります。そのときは、介護職が、足を流水で洗ったうえで、擦り傷をフィルムで覆ったりするなどの対応をしています。

足に傷があるときには、どんなことに注意したらよいでしょうか。

＋ 医療職のコメント

小さな軽い傷でも、細菌が侵入し、皮膚のすぐ下の脂肪組織などに炎症が起こることがあります。このような感染症を蜂窩織炎といい、抗生物質での治療が必要になります。ときには、血液中に細菌が入り敗血症が起こり、命にかかわることもあります。

F子さんの傷が治るまでは、毎日よく足を観察して、赤くなったり、腫れたりしていないかに気をつけましょう。そのような場合は、看護職に状態を見てもらい、対応を相談しましょう。また、痛みがないかを確認し、体調はいつも通りか、熱は出ていないかなどにも注意して、様子を見守りましょう。

軽微といっても、F子さんが擦り傷を繰り返す場合は、施設のどこでどのように傷をつくるのかを観察するなど、事前に防ぐ方法を検討することも必要だと思います。

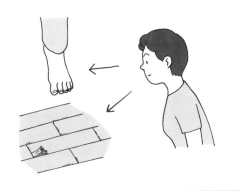

第3章

軽微な切り傷・擦り傷・やけどの処置

皮膚への軟膏の塗布・湿布の貼付

湿疹やかぶれなど、皮膚の症状に悩む利用者には、皮膚を刺激しないように、やさしく軟膏を塗りましょう。関節痛などで湿布を貼るときも、皮膚の状態に注意しましょう。

●軟膏の塗布

① 手をよく洗います。

●速乾性アルコール製剤を使った手指消毒か、石けんと流水による手洗いをしましょう。

② 利用者の皮膚を清潔にします。

CHECK!
□ 利用者の名前と薬が一致している。
□ 塗る（貼る）時間、回数、部位は正しい。
□ 皮膚に、いつもと違う症状はない。

ぬるま湯で、汚れ、汗、ほこりを洗い流しましょう。

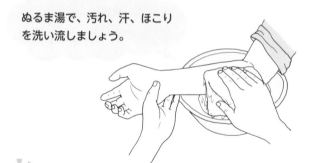

●流すのが難しい場合は、拭きとりましょう。
●洗浄綿や濡れティッシュは、化学物質が含まれていて皮膚を刺激するので、使わないようにします。

③ 薬を確認します。

種類、使用期限、使用量、塗布の範囲などを確認しましょう。

塗る量　塗る範囲

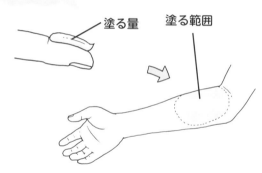

●どのくらいの量を、どのくらいの範囲に塗ればよいのかを、医師や薬剤師などに確認しましょう。使用量が少ないと、効果が得られないことがあります。軟膏の種類によっては、使用量が多すぎると、副作用が起こるおそれがあります。
●軟膏ツボの場合、チューブとは量の目安が異なるので、医療・看護職に確認しましょう。

④ やさしく塗ります（単純塗布法）。

指の腹で、軟膏を
薄くのばします。

ゴシゴシと皮膚をこす
って、擦り込まないよ
うにしましょう。

●強い力で皮膚をこすると、皮
膚を刺激し、皮膚炎の原因に
なることがあります。
●クリーム、ローションなどの
保湿剤も、同様に塗ります。

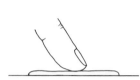

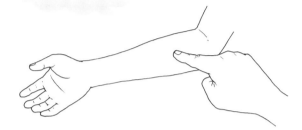

●軟膏を塗ると、軟膏の強い成分が、塗った人の指
の皮膚から吸収されることがあります。これを防
ぐ方法の１つが、使い捨て手袋の着用です。

●軟膏の塗布に際しては、できれば手袋を着用しま
しょう。また、軟膏を塗り終わったら、手洗いを
行い、手指についた軟膏を落としましょう。

そのほかの塗布法

以下の塗布法は、医師の指示、また看護
職との連携のもとに行いましょう。

●以下の塗布法のほか、傷が滲出液で濡れている
場合に、ガーゼなどに軟膏を塗って傷をカバー
することがあります。また、軟膏の種類によっ
ては、皮膚に擦り込んで薬効を促進させる場合
もあります。どのように塗布するかを、医師、
薬剤師、看護師に確認します。

重ねて塗る場合（重層法）

フィルムで覆う場合（密封療法）

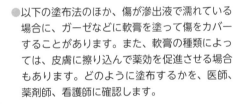

ワセリンや亜鉛華軟膏

ステロイド薬などの軟膏

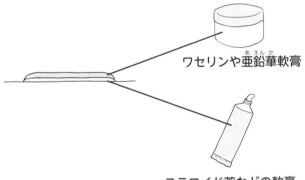

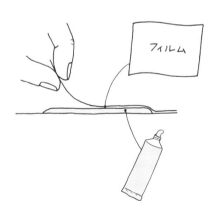

フィルム

●ステロイド外用剤などの軟膏を塗ったあと、ワセ
リンや亜鉛華軟膏などを重ねて塗ります。
●ガーゼやリント布に亜鉛華軟膏などを１～３mmの
厚さに塗って、それを上から貼ることもあります。

●ステロイド外用剤などの軟膏を0.5～１mm程度塗
り、フィルムで覆い密封します。
●密封療法は、単純塗布法、重層法より、軟膏の効
果をより大きく得られますが、皮膚呼吸が妨げら
れるので蒸れや感染が起こることがあります。

●湿布の貼付

① 手をよく洗います。

●速乾性アルコール製剤を使った手指消毒か、石けんと流水による手洗いをしましょう。

↓

② 利用者の皮膚を清潔にします。

●ぬるま湯で、汚れ、汗、ほこりを洗い流しましょう。
●入浴前に古い湿布をはがし、入浴後、汗が引いてから、新しい湿布を貼るのもよいでしょう。

↓

③ フィルムをはがして、患部に貼ります。

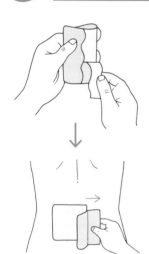

両端を持ち左右を引っ張ったり、折って中央部分をはがしたりして、薬面の一部を出しましょう。

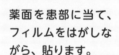

↓

薬面を患部に当て、フィルムをはがしながら、貼ります。

湿布薬に切り込みを入れて、貼る方法もあります。

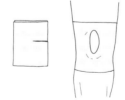

●貼るときに、湿布薬をあまり強く引っ張らないようにしましょう。引っ張りすぎると長時間しわが寄ったままになるなど、皮膚に負担がかかります。

湿布薬をはがす

上に引っ張るのではなく、皮膚に沿って、ゆっくりとはがしましょう。

片方の手で、皮膚を
押さえます。

●湿布薬を長期間貼り続けると、かぶれることがあります。貼る場所を少しずらしたりして、貼らない時間をつくり皮膚を休めましょう。

●貼付した日付を湿布薬に書いておくとよいでしょう。

基礎知識 皮膚の働きと薬の種類

体の表面を覆う皮膚は、重要な役割を担っています。しかし、加齢によって皮膚の働きも低下します。また、皮膚から吸収される軟膏、湿布には、いくつかの種類があります。

🫀 皮膚の働き

皮膚は、体を守る防衛機構の最前線といえます。

● 細菌などの病原体、有害物質の侵入を阻み、紫外線などから体を守っている。
● 痛みや熱などを感じて、危険を避ける。
● 皮脂と汗を分泌し、皮膚を潤いのある健康な状態に保っている。
● 発汗によって体温が調節されている。

● バリア機能が保たれている健康な皮膚では、異物や物理的刺激の影響を受けにくい。バリア機能が低下すると、異物や物理的刺激によって、皮膚のトラブルや病気などが起こりやすい。

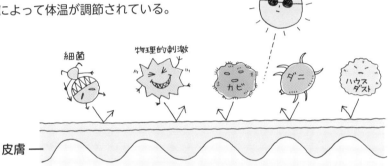

加齢によって上記のような働きに変化があります。

● 加齢に伴って皮膚は薄くなり、刺激に弱くなる。
● 保湿力が低下して乾燥肌になり、湿疹などのトラブルが起きやすくなる。

🫀 軟膏の種類

主な軟膏には次のものがあります。

● ステロイド薬：炎症を鎮める強い作用がある。自己判断で使用をやめたりせず、指示通りに使うことが重要。
● 非ステロイド抗炎症薬：湿疹や皮膚炎の治療に使われる。
● 抗菌薬：細菌の増殖を抑える。皮膚感染症の治療に使われる。
● 抗ヒスタミン薬：虫さされやじんましん、湿疹などのかゆみを和らげる。
● 抗真菌薬：白癬（水虫）、カンジダ症などの治療に使われる。

🫀 湿布の種類

湿布は次の3つに大別されます。

● 冷湿布：冷やすことで、急性期の炎症、腫れ、痛みをやわらげる。冷たさを感じさせるメントールなどが含まれる。
● 温湿布：皮膚の温覚を刺激し、血流をよくすることで、慢性の痛みをやわらげる。トウガラシエキス（カプサイシン）などを含む。
● 経皮消炎鎮痛薬：インドメタシン、ボルタレンなど、非ステロイド消炎鎮痛薬が配合されており、関節痛や筋肉痛などに使われる。

点眼薬の点眼

点眼を自分で行うのはなかなか難しく、介護職が介助する機会も多くなります。点眼の介助では、感染が起こらないように注意することが大切です。

① 手をよく洗います。

●速乾性アルコール製剤を使った手指消毒か、石けんと流水による手洗いをしましょう。

点眼薬を出して、薬の種類、使用期限、容器の状態などを確認します。

Cнеск!
□利用者の名前と薬が一致している。
□容器が破損していない。
□薬液が濁ったり変色していない。

② 利用者に寝た姿勢をとってもらいます。

点眼には、寝た姿勢が最も適しています。

いすに座って点眼する場合は、首は無理せずゆっくり傾けてもらいます。介護職が頭に手を添えたり、頭を壁にもたせかけたりして、頭を支えましょう。

③ 下まぶたを軽く下に引きます。

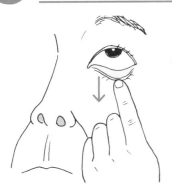

上を見てもら
います。

❗ "よく振ってください" と書
いてある薬はよく振ります。

●眼球が上を向き、下まぶたの
裏（眼瞼結膜）に点眼するこ
とで、効果が上がります。

④ 薬液を1滴落とします。

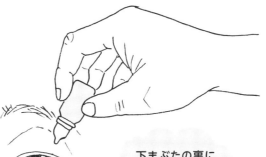

まぶたやまつげに容器の
先がつかないように！

❗ 何滴も点眼しないようにします。2滴以上点
眼することで、余分な薬液が目の周囲につい
て色素沈着を起こしたり、皮膚を傷めること
も考えられますから、1滴のみ点眼します。

●点眼後、パチパチとまばたきすることにより、
鼻涙管の筋肉のポンプとしての働きが強まり、
薬液が全身へ回りやすくなり、副作用が起こ
りやすくなります。

下まぶたの裏に
滴下します。

●複数の点眼薬を使うときは、間隔を
5分間開けます。5分間待つ間に、
先に点眼した薬が浸透します。

●目頭には涙点があります。余分な涙
などは、涙点へ流れ、鼻涙管を経て
鼻の奥へ流れます。

⑤ 眼を閉じてもらい、目頭 を軽く押さえます。

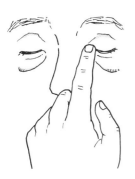

目頭を押さえることで、
薬液が鼻涙管を通って全
身に回るのを防ぎます。

●流れ出た点眼液をそのま
まにしておくと、ただれ
の原因になります。

流れ出た点眼液
は、ティッシュで
軽く拭きます。

基礎知識 目の病気と点眼薬の種類

目は、角膜、結膜、水晶体、硝子体などから構成されています。目の病気には、さまざまなものがあり、それに応じて点眼薬にも多くの種類があります。

💜点眼薬の種類

介護職は、利用者の使っている点眼薬が、どのような症状や病気の治療のために処方されているかを、正しく理解するようにしましょう。

主な点眼薬の種類

種　類	名　前	種　類	名　前
ステロイド薬	リンデロン、オドメール、フルメトロン、オルガドロン、サンテゾーンなど	花粉症の薬	リボスチン、ゼペリン、リザベン、AZなど
角膜表層保護剤	ヒアレイン、ムコファジンなど	眼精疲労・調節不全の薬	サンコバ、ミオピン、ミドリンMなど
緑内障・高眼圧症治療薬	デタントール、レボブノロール、チモプトール、ハイパジール、トルソプト、ミケラン、サンピロなど	抗生物質（抗菌薬）	ベストロン、パニマイシン、オフサロン、エコリシン、ロメフロン、クラビット、タリビッドなど
白内障の薬	カリーユニ、タチオンなど	抗炎症薬	ブロナック、ジクロード、ニフラン、ムコゾームなど
散瞳薬	アトロピン、ミドリンPなど	抗真菌薬	ピマリシンなど

目の構造と目の病気の例

結膜炎
アレルギー性結膜炎には、花粉症の点眼薬やステロイド薬の点眼薬などが使われる。細菌による感染性結膜炎には抗菌薬の点眼薬が使われる。

麦粒腫
"ものもらい"のこと。細菌に感染して起こる。治療には、抗菌薬の点眼薬や内服薬が使われる。

ぶどう膜炎
主に虹彩、毛様体、脈絡膜に炎症が起こる病気。原因不明のことも多い。ステロイド薬の点眼薬、散瞳薬などが使われる。

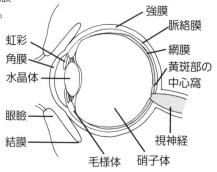

白内障
水晶体が濁る病気。加齢によるものが多い。初期には、進行を遅らせる点眼薬が使われる。

緑内障
視神経や視野が障害される病気。眼圧を下げる点眼薬のほか、レーザー治療などもある。

加齢黄斑変性症
加齢により網膜の黄斑に老廃物がたまり、正常に働かず、視野の中心がゆがむ症状。暗く見えたり視力が低下する。治療は薬、レーザー、手術がある。

見落とせない！ リスクポイント

点眼薬で副作用が起こることもあります。充血など目の症状のほか、全身性の副作用が起こることもあります。また、保管の仕方によっては、点眼液が変質することがあります。

点眼薬と副作用

点眼薬で副作用が起こることがないように、医師の指示通りに使用することが大切です。

- 何滴も点眼するなど、過剰に点眼すると、副作用が起こりやすくなる。
- 点眼薬を使っていて、充血、かゆみ、発疹、めまい、ふらつき、頭痛、痛みなどの症状が現れた場合、点眼薬によるアレルギーなどのおそれがあるので、医療職に連絡する。

- ステロイド薬の点眼薬を長期に使い続けると、眼圧の上昇、角膜の感染症などの副作用が起こることがある。
- 緑内障の治療薬の一種では、呼吸器の障害などが起こることもある。

点眼薬の保管方法

点眼薬は、容器に書いてある保管法を守って正しく保管しましょう。

多くは室温で保管。

- 「要冷蔵」の指示があるものは冷蔵庫に保管。凍結しないように注意してください。

直射日光は避けます。

- 遮光袋があるものは、遮光袋に入れたうえで、直射日光が当たらないところに保管します。
- 洗面所など湿気の多い場所は避けます。

保管は開封して1カ月まで。

- 古い点眼薬は使えません。容器の袋に開封日を書いておくと、古いものを使うのを防ぐことができます。

他の成分が、容器内に入らないように注意！

- 油性ペンで容器に書き込みをしないようにしましょう。
- 芳香剤や湿布薬などと一緒に保管しないようにしましょう。

一包化された内服薬の内服

高齢者には、複数の薬を飲む人が多くいます。内服薬の場合、薬が一包化されていれば、介護職は、薬を口に入れる介助を行うことができます。また、舌下錠も認められています。

●一包化された内服薬

① 利用者に薬を飲むことを伝えます。

CHECK!
- □ 体調はいつも通りである。
- □ 利用者の名前と、薬が一致している。
- □ 服薬の時間は合っている。

十分な量（湯呑み1杯）の水か白湯を用意しましょう。

座位またはセミファーラー位をとってもらいましょう。

●心臓や腎臓などの病気のため水分の摂取量が制限されている利用者がいます。その場合、薬の飲み方について、医療職に確認しておきます。

② 薬を袋から取り出します。

●同じ時間に飲む錠剤、カプセル、粉薬などが1つの袋に入っています。これを一包化といいます。
●薬の数が多い場合は、「2〜3個ずつに分ける」「オブラートに包む」「服薬ゼリーを利用する」などの工夫をします。

オブラートに包むなど、飲みやすい工夫をしましょう。

オブラート

端を少量の水で湿らせ閉じる。

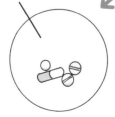

下のほうに薬をまとめて置く。

上に折る。

横を折る。

小さく折りたたんでいく。

③ 水や白湯と一緒に、薬を飲んでもらいます。

先に水を少し飲んでもらい、口の中を湿らせるようにしましょう。

●口に入れる直前に包んだオブラートに少し水をたらすと、ゼリー状になり、飲み込みやすくなります。

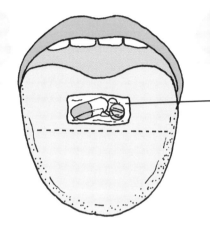

薬（オブラートに包んだ薬）を、舌の中央より、やや奥にのせます。

中央よりやや奥に

●薬は、舌の先にのせるより、中央よりやや奥にのせたほうが飲み込みやすくなります。ただし、あまり奥だと、むせてしまいます。

湯呑み1杯分は飲みきってもらいましょう。

●水が少ないと食道に薬がはりついて、潰瘍になる危険があります。

片麻痺のある利用者の場合

水が漏れ出ないように、麻痺側の口の端を、介護職が手で押さえるとよいでしょう。

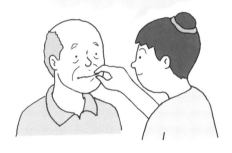

④ 服用後は、しばらく座位またはセミファーラー位（上半身を15〜30度起こした姿勢）でいてもらいます。

薬が胃から食道へ戻るのを防ぐため、すぐに横にならないようにします。

口の中を観察し、薬が残っていないことを確認しましょう。

●舌下錠

① 発作に備えて、舌下錠の保管場所を確認しておきます。

●利用者には狭心症という心臓の病気をもつ人がいます。狭心症の発作が起こって心筋梗塞に進むと、命にかかわります。それを避けるため、ニトログリセリンの舌下錠が使われます。
●ニトログリセリンの舌下錠は、すぐに取り出せるところに保管します。

② 舌の下に錠剤を置きます。

●発作が起きて苦しそうなとき、発作が起こりそうだという訴えがあるとき、すぐに薬を取り出します。

口が乾いているようなら、まず少量の水で舌を湿らせます。

飲み込まないように、声をかけましょう。

口を大きく開けてもらい、左図の位置の辺りに薬を置きます。

●ニトログリセリンの舌下錠は、血流の豊富な舌の下（粘膜）で、すぐに溶けて吸収され、数分で効果が現れます。飲み込むと効果が出ません。

③ 医療職に報告します。

● 1錠使って発作が治まった場合は、舌下錠を使った時間と症状が治まった時間を、早めに医療職に報告しましょう。

● 1錠使って痛みが治まらないときに、誰に連絡するか、2錠目を使っていいのかなど、どう対応すべきかについて、あらかじめ医療職と打ち合わせておきましょう。

基礎知識 ① 一包化とPTP包装シート

薬の種類が多いと、間違えて服用することがよくあります。また、包装シートから薬を出しにくくて困ることもあります。そんな場合に勧められるのが、薬の一包化です。

♥ 薬の一包化

朝食後、昼食後など、1回分の錠剤やカプセルなどを1つの袋にパックすることを一包化といいます。

- 医師の処方により、薬剤師が自動分包機で一袋に調剤する。調剤料がかかるが、医療保険の対象になる。
- 朝1回、朝晩2回など、服用回数が異なる多種類の薬が処方されている場合も、1回分の袋を開けるだけで正しく服用できる。
- 介護職が介助するとき、一包化された袋が破れていた場合は、破れていない別の一包を用意する。

♥ PTP包装シート

錠剤やカプセルの多くは、PTP包装シートといって、プラスチックにアルミやフィルムなどを貼りつけたシートで包装されています。

- 人によっては、PTP包装シートから薬を取り出すのが難しいことがある。
- PTP包装シートを1錠ずつ切り離し、包装シートごと飲み込んでしまう誤飲事故が報告されている。
- PTP包装シートを誤飲すると、のどや腸などが傷ついたり、腸に孔が開いたりすることがある。
- 誤飲事故の約8割は、60～80歳代の人に起きている。

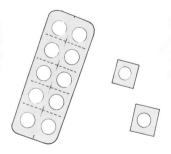

PTP包装シートを
誤飲しないように
見守りましょう。

指の力が弱いなど、利用者が薬を取り出すのが難しいことがあります。利用者に依頼された場合は、薬を確認してPTPから取り出し、手渡しましょう。

- 介護職は、PTP包装シートから取り出した薬を、利用者の口の中に入れることはできません。口の中に入れることが認められているのは、一包化されたものと、舌下錠です。

基礎知識② 薬の服用時間

薬は、時間と量を守って服用することが重要です。医師の処方と異なる方法で服用すると、効果が薄れたり、副作用が起こりやすくなります。

🫀 服用時間

薬の服用時間は、薬の性質や治療目的、作用の持続時間などによって決められます。「食前」「食間」など服用時間の指示が、具体的にどのタイミングを指すのかを、次の表で理解しておきましょう。

薬を飲むタイミング

服用時間	服用するとき	薬の例
起床時	朝起きてすぐ	骨粗しょう症の薬
食前	食事の30分前に服用	吐き気止め
食直前	食事が目の前にあり、すぐ食べられる状況。"いただきます"のタイミング	インスリン注射
食直後	"ごちそうさま"のタイミング	胃薬、胃を荒らす薬
食後	食後30分以内に服用	―
食間	食事と食事の間なので、食後2時間程度	―
就寝前	寝る30分前	睡眠薬、下剤など
頓服 （とんぷく）	症状、発作が出たときに服用	解熱鎮痛薬、抗けいれん薬など

起床時に服用する骨粗しょう症の薬の場合、服用後30分間は飲食しないようにします。

●多いのは、食後に服用する薬。食事と薬の服用をセットにすることで、薬の飲み忘れが起こりにくくなります。

🫀 薬の効果

内服薬の成分は、主に小腸で吸収されたあと、血液中に入って全身を巡り、目的の臓器や病巣で作用して効果を発揮します。

●決められた時間に服用することで、薬の血中濃度が一定に保たれ、効果が持続する。
●薬の成分の多くは、肝臓で分解され、腎臓で尿中に排泄される。
●高齢者では、肝臓や腎臓の病気や機能低下の影響で、薬が体内に蓄積し、効果が強まったり長引いたりしやすい。また、少量の薬で効果が現れやすい。
●高齢者では、副作用が起こりやすい。副作用で、転倒・骨折が起こることもある。

●同様の効果をもつ薬が、別々の医療機関から重複して処方されることもある。重複を防ぐため、お薬手帳を使ってもらう。

見落とせない！ リスクポイント

薬と薬、薬と食べ物を一緒にとると、互いに作用し合い、薬の効果が強まったり、弱まったりすることがあります。このような「飲み合わせ」に注意が必要です。

薬と飲食物

薬の種類によっては、飲食物との飲み合わせを防ぐため、特定の飲食物と一緒に摂取しないように指示が出されることがあります。利用者が服用している薬を把握すると同時に、飲食物についての注意を確認し、飲み合わせを防ぐようにしましょう。
薬と飲食物との飲み合わせの代表的なものを、次の表にまとめました。

飲み合わせの例

飲食物	薬の例	理由 （薬に何が起こっているか）
グレープフルーツジュース	カルシウム拮抗薬（例：アダラートニフェジピン）、高脂血症薬（例：アトルバスタチン）、催眠鎮静薬（睡眠剤 例：トリアゾラム）、精神神経薬（抗てんかん薬 例：カルバマゼピン）	グレープフルーツの苦み成分が代謝を低下させ薬の効果を強めることがある
カフェイン	抗うつ薬（SSRI 例：フルボキサミン）、抗てんかん薬（例：クロナゼパム）、催眠剤（例：ゾピクロン）、強心剤（例：アミノフィリン）、気管支拡張剤（例：テオフィリン）、ニューキノロン系抗菌薬（例：ジプロフロキサシン）、解熱・抗血栓薬（例：アスピリン）	カフェインが分解されにくくなるため、イライラ、不眠になることがある
アルコール	睡眠剤、抗不安薬（例：ジアゼパム）、抗うつ剤（例：アミトリプチリン）、解熱鎮痛薬（例：アセトアミノフェン）、抗てんかん薬（例：カルマゼピン）、セフェム系抗菌薬（例：セファクロル）、狭心症治療薬（例：ニトログリセリン）	アルコールは多くの薬に影響する。血中濃度が変わる
牛乳	テトラサイクリン系抗菌薬（例：テトラサイクリン）、セフェム系抗菌薬（例：セファクロル）、ニューキノロン系抗菌薬（例：ノルフロキサシン）、制酸剤（例：酸化マグネシウム）、骨粗しょう症薬（例：カルシトリオール）、催眠剤（例：クアゼパム）	カルシウムと結びつき、高カルシウム血症をきたす。または逆に薬がきかなくなることもある
納豆・緑黄色野菜・クロレラ	抗血栓薬（例：ワルファリン）	納豆・クロレラ・緑黄色野菜を多量に食べると、これらの食品に含まれるビタミンKが薬の効果を弱める。血栓ができやすい
チーズ	抗パーキンソン（例：セレギリン）、消化性潰瘍用剤（例：シメチジン）、抗結核剤（例：イソニアジド）、抗うつ・不安薬（例：イミプラミン）	チーズに含まれるチラミンが薬剤により分解されずにチラミン中毒を起こすことがある。顔が赤くなる、頭痛、血圧上昇などの症状が見られる

第3章

一包化された内服薬の内服

坐薬の挿入、浣腸

介護職が挿入する坐薬には、解熱・鎮痛、吐き気止め、下剤などがあります。浣腸には、市販の浣腸器を用います。どちらも、保温と羞恥心に配慮して介助することが大切です。

●坐薬（下剤以外）

① 利用者に、排尿・排便を済ませてもらいます。

❗膣から挿入する薬も坐薬と呼ばれますが、介護職が扱えるのは肛門から入れる坐薬のみです。

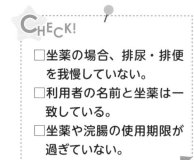

CHECK!

☐坐薬の場合、排尿・排便を我慢していない。
☐利用者の名前と坐薬は一致している。
☐坐薬や浣腸の使用期限が過ぎていない。

② 手をよく洗います。

●速乾性アルコール製剤を使った手指消毒か、石けんと流水による手洗いをしましょう。

③ 坐薬を冷蔵庫から出し、確認します。

冷蔵庫の外に放置しないようにしましょう。

室温が高いときは、シートに入ったまま、氷水か冷水に浸しておきましょう。

●冷蔵庫から出して室温に長く置いておくと、坐薬がやわらかくなり、挿入しにくくなります。

④ 利用者に体の左側を下にした側臥位（そくがい）になってもらい、下着を下ろします。

保温と羞恥心に配慮しましょう。

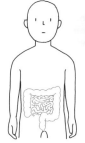

姿勢は、大腸の向きを考えて、体の左側が下になると覚えておきましょう。

●上からタオルをかけます。

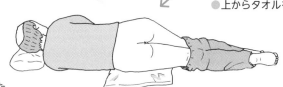

●坐薬は、トイレに座った姿勢や立った姿勢では、挿入しません。

●お尻の下にタオルやシートを敷いておきます。

⑤ 使い捨て手袋または指サックをはめます。

● 手があまり冷たいときは、温めます。冷たい手で、利用者に触れない
ようにしましょう。

⑥ 坐薬を挿入することを利用者に伝えます。

挿入直後に便意が起き
ても、できるだけ我慢
することも伝えます。

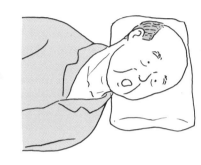

リラックスできるよ
うに深呼吸してもら
いましょう。

● 緊張した状態では、肛門の
筋肉が硬くなり、坐薬が入
りにくくなります。口から
息を吐くと、体の力が抜け
ます。

⑦ 坐薬を挿入します。

しわを伸ばし、肛門
を確認します。

● 坐薬はロケットのような形
をしています。"ロケット
の先"から挿入します。

指の腹で押し込みます。押
し込んだらすぐに、もう片
方の手の指とトイレットペ
ーパーで肛門を塞ぎ、坐薬
を挿入した指を拭きます。

● 折りたたんだトイ
レットペーパーを
持っておきます。

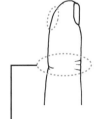

● 指先から1番目の関
節まで入るようにし
て挿入します。

● 利用者に息を吐くように
声をかけ、息を吐くのに
合わせて挿入します。

ベビー
オイル

● 肛門が乾いている場合は、前もって肛門にベビーオイ
ルを塗りましょう。肛門が乾いていると、坐薬が入り
にくく、利用者が痛みを感じることがあります。
● 塗るのは、乳液、クリームでもかまいません。坐薬の
とがったほうに塗ってもよいでしょう。

⑧ トイレットペーパーで肛門を押さえます。

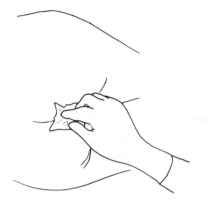

坐薬が完全に肛門に入ったら、坐薬が出てこないように、数分間、しっかりと押さえましょう。

●下剤の坐薬を使った場合は、排便の介助を行います。トイレで、または便器を使うなど、利用者に適した方法で排便してもらいましょう。

坐薬が出てしまった場合

挿入後すぐに出てしまい、ほとんど溶けていない状態であるときは、再度、新しいものを挿入します。

半分溶けている状態で出てきたとき、5分以上経過して出てきたときには、挿入しません。

↓

医療職に報告

坐薬の効果

　大腸は、小腸を取り囲むように位置しています。消化・吸収された食べ物は、大腸を腹部の右側から左側へと移動する間に、水分が吸収され、徐々に固い便になっていきます。

　坐薬は、直腸の温度（体温）で溶けて、粘膜から吸収され、すぐに血管に入ります。内服薬が、胃腸や肝臓を経て血管に入るのに対し、坐薬はすぐに血管に入るため、効き目が早く現れます。

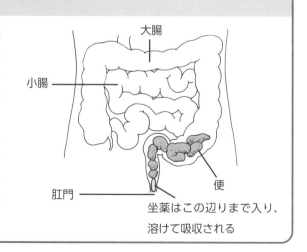

大腸

小腸

肛門

便

坐薬はこの辺りまで入り、溶けて吸収される

●浣腸

① 利用者に排尿を済ませてもらいます。

浣腸をいつ行うかについて
は、毎日の排便チェックを行
ったうえで、前もって医療職
と確認しておきましょう。

●心臓疾患や、大腸に病気や異常のある人、
痔で出血のある人、腹痛、嘔吐、吐き気の
ある人、摘便直後の人などには、浣腸を行
ってはいけません。

② 手をよく洗います。

●速乾性アルコール製剤を使った手指消毒か、石けんと流水による手洗いをしましょう。

③ 浣腸を人肌程度に温めます。

37〜38℃く
らいの湯に入
れます。

熱くしすぎないように
注意！目安は人肌程度。

●薬液が冷たいと、利用者が不快に感じることがあります。た
だし、温度が高くなりすぎると、腸の粘膜がやけどを負うお
それがあります。あくまで冷たくない程度に温めましょう。

**④ 利用者に左側を下にした側臥位に
なってもらい、下着を下ろします。**

●坐薬の④（86ページ）参照。

必ずベッド上で、左を
下にした側臥位で行い
ましょう。

●上からタオルをかけます。

⑤ 利用者に、これから浣腸をすることを伝えます。

便意がきても、しばらく我慢するほうが、効果があることも説明しましょう。

ガマン
ガマン

●薬液を挿入したあと、3〜5分後には便意が起こります。効果を上げるためにさらに3〜5分間我慢してもらいましょう。

⑥ 浣腸を持ち、キャップをはずします。

●使い捨て手袋を着用しましょう。

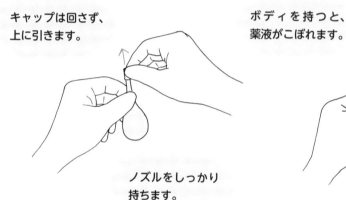

キャップは回さず、上に引きます。

ノズルをしっかり持ちます。

ボディを持つと、薬液がこぼれます。

介護職と浣腸

　自然に排便できない便秘の場合には、浣腸を行い、排便をコントロールします。介護職に認められている浣腸は、「グリセリン濃度50％、用量40g程度以下（成人）、ノズルの長さ6cm程度以内」のものです。

　グリセリンは、油脂の成分で、腸を刺激し蠕動運動を促進します。また、便が溶けてやわらかくなり、腸の粘膜を滑りやすくして排便を促します。

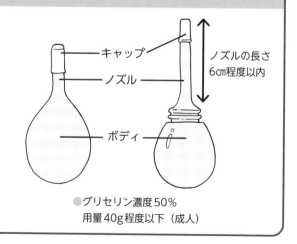

キャップ

ノズル

ボディ

ノズルの長さ
6cm程度以内

●グリセリン濃度50％
用量40g程度以下（成人）

ノズルを肛門に挿入し、薬液を注入します。

●肛門にベビーオイルを塗るなど、挿入しやすくします。

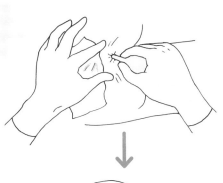

しわを伸ばし、肛門
を確認して、そっと
挿入します。

●折りたたんだトイレ
ットペーパーを用意
しておきます。

ボディを握って、薬
液を押し出します。

薬液を完全に押し出し
たら、ボディを握った
まま引き出します。

●ボディを握った手を緩める
と、注入した薬液が容器に
戻ることがあります。

●ノズルを引き出したら、折りたたんだトイレットペーパーで
肛門を押さえ、便意が強まるまで我慢してもらいます。

 排泄を介助し、利用者に体調を確認します。

●トイレに誘導する、便器やおむつを使うなど、利用者に適した方法で排便してもらいましょう。
●便の量や性状を確認しましょう。

たちくらみ、不快な感覚、肛門部が痛い、
腹痛、残便感などがある。

↓

すぐに医療職に連絡

鼻腔粘膜への薬剤噴霧の介助

点鼻薬は、鼻の粘膜から吸収される薬で、鼻孔に滴下するタイプと噴霧するタイプがあります。いずれも、容器の先端が鼻の粘膜になるべく触れないようにして介助しましょう。

●滴下するタイプの場合

① 鼻をかんでもらいます。

できるだけ鼻腔の通気をよくします。

CHECK!

☐ 利用者の名前と薬が一致している。

☐ 薬の使用期限が過ぎていない。

☐ 鼻水は出ていない。

② 仰向けの姿勢をとってもらいます。

❶ 滴下できるように座位で首を傾けると、首に大きな負担がかかるので、座位は避けましょう。

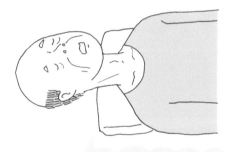

肩の下に枕などを入れ、頭が後ろに傾くようにします。

③ 滴下します。

鼻の内側に容器の先が、なるべくつかないように

1、2、3と声をかけて滴下しましょう。

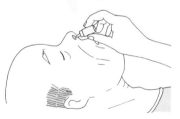

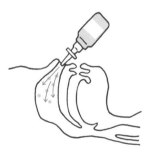

④ 2〜3分間そのままの状態を保って、終了。

●容器の先端を拭いて、ふたをします。

●噴霧するタイプの場合

① 鼻をかんでもらいます。

↓

② 利用者にうつむいて
もらいます。

↓

③ 噴霧します。

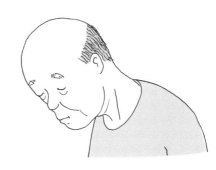

容器をよく
振ります。

片方の鼻を
押さえます。

鼻の穴に容器の先端
を入れ、1、2、3と
声をかけて、容器の
底を押します。

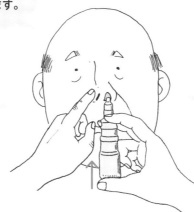

鼻の内側に容器の先
が、なるべくつかな
いように。

●容器の底を押し上げると
噴霧されます。

④ 容器の先端を拭いて、
ふたをします。

❗複数の点鼻薬を使うときは、数分間
待ってから次の点鼻を行います。

> **点鼻薬の副作用**
>
> 点鼻薬で副作用が起こることがありま
> す。例えば、鼻づまりの治療に使われる
> 点鼻薬を使いすぎると、鼻の粘膜が厚く
> なって鼻づまりがとれなくなること
> があります（薬剤性肥厚性鼻炎）。点鼻
> 薬は、1日の使用回数、使用量など、医
> 師の指示通りに使うことが重要です。

介護職に認められていない医行為

●眼軟膏、経皮吸収型製剤、吸入薬の介助

薬には、さまざまな種類があり、介護職には介助が認められていないものも多くあります。

介助が認められていない薬

72〜93ページでは、軟膏の塗布、一包化された内服薬など、介護職に認められた薬の介助について解説しました。これ以外の薬の介助は、介護職には認められていません。しかし、介助できない薬についても、使い方などを理解しておくことが大切です。

ここでは、眼軟膏、経皮吸収型製剤（貼り薬）、吸入薬について解説します。

眼軟膏

眼軟膏は、下まぶたの裏に塗る薬で、細菌の増殖を抑えるもの、炎症を抑えるものなどがあります。眼軟膏を塗ると、しばらくは視界がぼやけて、はっきりと物が見えないことがあります。利用者が眼軟膏を使用して、その後歩行・移動する際には、転倒などに注意しましょう。

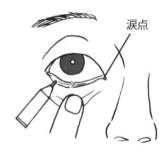

涙点

黒目の下、まぶたの裏に
1cm程度横に塗る

経皮吸収型製剤

経皮吸収型製剤は、湿布と同じように皮膚に貼る薬です。しかし、湿布が皮膚に近いところにある患部にだけ作用するのに対し、経皮吸収型製剤は、皮膚から血管へと入り、全身に作用します。薬の種類によって24時間ごと、48時間ごと、3日ごとなど、貼り替えの間隔が決められています。また、副作用に皮膚のかぶれ（接触性皮膚炎）があります。

●狭心症の薬：ニトログリセリンのうち、皮膚に貼るタイプは、発作を予防するために毎日使われます。主に左胸に貼ります。
●気管支ぜんそくなどの薬：気管支拡張薬のツロブテロールは、胸や背中、上腕に貼って用います。
●痛みを緩和する薬：がんなどによる痛みを緩和するフェンタニルには、注射薬のほか、

貼って用いる薬があります。胸、腹部、上腕、太ももなどに貼ります。
●認知症の薬：アルツハイマー型認知症の治療薬のリバスチグミンは、背中、上腕、胸に貼ります。

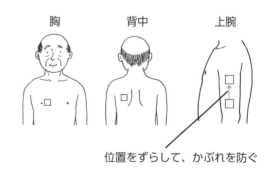

胸　　　背中　　　上腕

位置をずらして、かぶれを防ぐ

●貼り替えの間違いを防ぐため、薬の表面に貼った日時、貼った人の名前を記入することがあります。

💙吸入薬❶　定量噴霧式とドライパウダー式

主な吸入薬に、定量噴霧式とドライパウダー式があります。狭まった気管支を広げる気管支拡張薬、炎症を鎮めるステロイド薬などがあり、ぜんそくや慢性閉塞性肺疾患（COPD）などの治療に使われます。吸入後には、うがいを行います。

●定量噴霧式

吸入器のボンベに液状の薬が入っていて、ボンベを押し込むと、1回分の薬が霧状に噴霧されます。ボンベを強く押し、噴霧のタイミングに合わせて、ゆっくりと吸い込みます。右図のように、吸入口と口を3〜4cm離して吸入する方法のほか、吸入口をくわえて吸入する方法、吸入補助具を吸入口に接続して吸入する方法もあります。

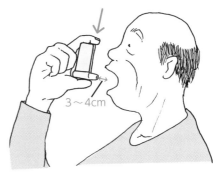

3〜4cm

ゆっくり吸い込む

●ドライパウダー式

吸入器に粉末状の薬が入っていて、それを勢いよく吸い込み、奥のほうの気管支まで到達させます。吸入器には、さまざまな形があります。最初に息を吐き、吸入口を軽くくわえて速く深く息を吸い込みます。

早く吸い込む

💙吸入薬❷　ネブライザー

ネブライザーは、電動式の吸入器です。気管支拡張薬などの薬液や、たんを排出しやすくするための生理食塩水などを霧状にして噴霧します。それを吸入マスクなどで吸入します。

噴霧された薬は上昇します。そのため、横に寝た姿勢では、薬の一部しか吸入できません。上体を起こした姿勢で吸入します。

噴霧は上方へ

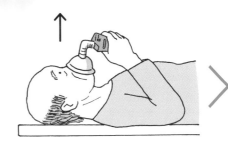

●吸入薬の場合、声がれ、のどの違和感などの副作用が起こることがあります。これらは、使用後にうがいを行うことで防げます。吸入薬を使ったあとはうがいを行います。

ストマ装具の交換・排泄物廃棄

手術で腸を切除すると、切り口をおなかに出してストマ（排泄口）がつくられます。ストマには、便をためる袋（パウチ）を装着して、便を受け止めます。

●排泄物を捨てる

① 利用者に、いす、またはトイレに座ってもらいます。

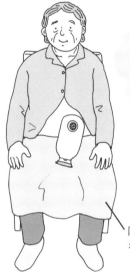

衣類を左右に寄せたり、上にたくしあげたりして、ストマとパウチがある部位を出しましょう。

防水シートを敷きます。

●ベッド上で行う場合には、上体を起こした姿勢をとってもらい、パウチの排泄口が下を向くようにします。

CHECK!

- □ 装具と皮膚の間に隙間がない。
- □ 皮膚に赤みはない。
- □ 皮膚がただれていない。

◆赤みやただれがある場合は、医療職に連絡。

ストマ

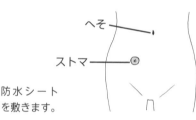

へそ

ストマ

●ストマは、残された腸の端を腹部に開けた孔から出し、皮膚に縫い付けてつくられる。

パウチを装着したところ

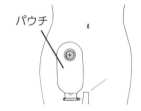

パウチ

●便はストマから出てくる。ストマには、パウチを装着して、便を受け止める。

② 大きめのキッチンバッグ、またはビニル袋を置きます。

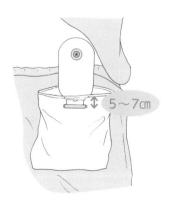

5〜7cm

パウチの下部5〜7cmくらいが、キッチンバッグやビニル袋に入るようにしましょう。

③ 便排出口を開けます。

●便排出口は、クリップ、面ファスナー、輪ゴムなど、利用者の好みの方法で閉じられています。

❗ 使い捨て手袋を着用しましょう。

クリップをはずしましょう。

便排出口を下に向けると、便がキッチンバッグの中に落ちます。

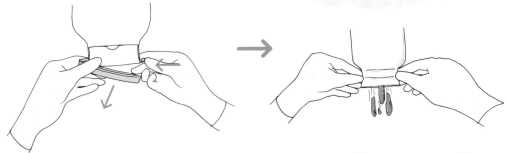

●便の入ったキッチンバッグなどは、空気を抜いて口を閉じます。ケアが終わったら、便をトイレに流しましょう。

④ 便排出口を閉じます。

便排出口に付着した便を拭きとります。指を入れて、内側も拭きましょう。

便排出口を折り返し、クリップで留めます。

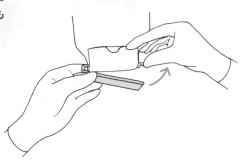

面ファスナーの場合

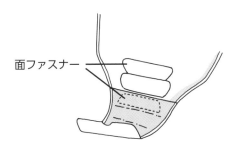

面ファスナー

●下端を折り返して、面ファスナーを合わせて留めます。

輪ゴムの場合

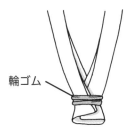

輪ゴム

●下端を2回折り返し、次に左右を折ってから、輪ゴムをかけます。

●装具を交換する（ツーピース型・二品系の場合）

① パウチをはずし、面板をはがします。

●装具については、102ページ参照。

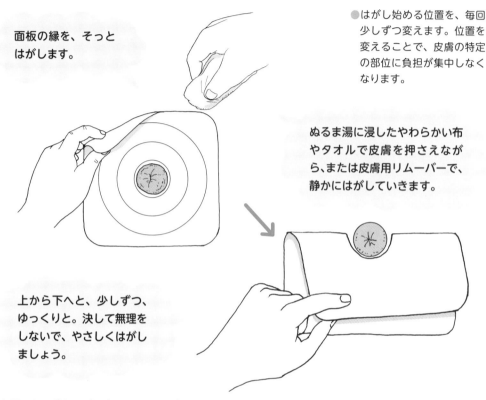

面板の縁を、そっとはがします。

●はがし始める位置を、毎回少しずつ変えます。位置を変えることで、皮膚の特定の部位に負担が集中しなくなります。

ぬるま湯に浸したやわらかい布やタオルで皮膚を押さえながら、または皮膚用リムーバーで、静かにはがしていきます。

上から下へと、少しずつ、ゆっくりと。決して無理をしないで、やさしくはがしましょう。

●上から下へとはがすと、便が漏れても手元が汚れにくくなります。
●先に、パウチの中の便を捨ててから、交換するようにしましょう。

用具のいろいろ

ガーゼ、やわらかい布やタオル　　石けん　　ぬるま湯　　ペットボトルなど

ティッシュ　　使い捨て手袋　　洗面器　　面板　　パウチ

ボールペン　　メジャーリングカード（ゲージ）　　物差し　　ストマ用はさみ（フランジカッター）

② ストマ周囲の皮膚を洗浄します。

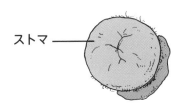

ストマ ——

便が皮膚に残っている場合は、ぬるま湯で浸した布でやさしく拭きます。

泡で皮膚を洗いましょう。

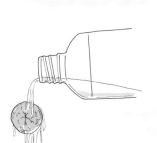

布に少量の石けんをつけ、よく泡立てます。

ぬるま湯をかけて、石けんを流します。

● ペットボトルや台所用液体洗剤のボトルなどを利用しましょう。
● 布にぬるま湯を含ませ、絞るようにして湯をかけてもよいでしょう。
● 水は、ゴミ袋やタオルなどで受けるようにします。

③ 乾いた布で押さえるようにして、水気をとり、皮膚を乾かしましょう。

● このとき、色、腫れや出血の有無など、ストマと周囲の皮膚の状態を観察します。

④ ストマのサイズを測ります。

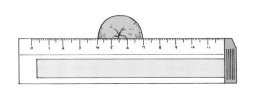

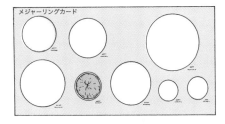

ストマの縦、横、高さを物差しで測ります。

メジャーリングカード（ゲージ）などを利用してもよいでしょう。

⑤ ストマのサイズに合わせて、面板の孔をカットします。

面板の裏紙に、切る線
を書き込みます。

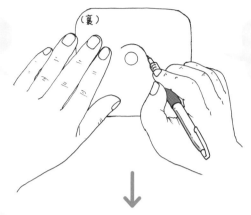

孔のサイズは、ストマ
より1〜2mm大きくし
ます。

先端がカーブした
ストマ用のはさみ
で切ります。

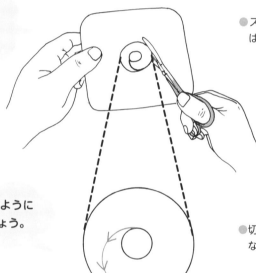

● ストマ用のはさみがない場合
は、普通のはさみを使います。

カーブを描くように
切り始めましょう。

● 切ったあと、切り口を指の腹で
なぞって、滑らかにします。

⑥ 面板・パウチを装着します。

面板の裏紙を
はがします。

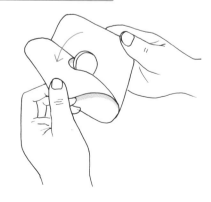

皮膚のしわを伸
ばして貼ります。

● 皮膚にしわや凹凸のある状態
で面板を貼ると、便が漏れた
り、面板がはがれやすくなり
ます。パウチがずれることも
あり、装具が長持ちしません。

面板の孔の中央
にストマがくる
ように。

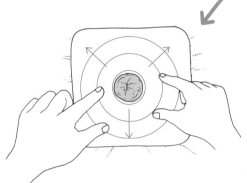

まず、ストマに近いとこ
ろを押さえて固定します。
さらに周辺部を押さえて
固定します。

パウチを、ストマの下
側から上側へと、面板
にはめ込みます。

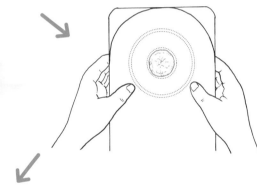

● 面板をテープや腹帯で固定する
利用者もいます。

 ⑦ パウチの空気を抜き、便排出口を閉じて終了。

介護職とストマ装具の交換

　介護職は、ストマ装具の交換を行うこと
ができませんでした。しかし、公益社団法
人日本オストミー協会が、「専門的な管理が
必要ではない場合、ストマ装具の交換は医
行為に該当しないのではないか」と、厚生
労働省に問い合わせました。2011年7月、
厚生労働省は、これを否定せず、医療職と
密接に連携を図るべきとしました。これに
より、便の廃棄に加え、面板の交換が、介
護職に"解禁"されたことになります。

　なお、これを受けて、日本オストミー協
会は、介護職は、ある程度の研修を受けて、
装具の交換を実践するように推奨していま
す。医療環境の変遷やニーズの変化にとも
ない、医師以外による医行為は、介護職を
含めて、将来拡大しつつあります。

基礎知識 ストマとストマ装具

ストマを造設している利用者は、"隠したい""臭いがするのではないか"など、さまざまな不安を感じています。気持ちに配慮して、適切なケアを行いましょう。

♥ストマとは

小腸、大腸、直腸などを切除して自然排便ができなくなった場合に、腸の切断部を腹部に出してつくった排泄口を、ストマといいます。

- ●ストマは、高齢者では、大腸がんなどの悪性腫瘍、腸閉塞（イレウス）などの場合に多く、若い人では、潰瘍性大腸炎や事故による受傷などの場合に多く見られる。

- ●ストマの形や大きさ、盛り上がりの高さなどは、人によってさまざま。
- ●肛門からの排便と異なり、ストマからは、少しずつ便が排泄される。

♥ストマ装具の2つのタイプ

ストマ装具は、皮膚に密着する面板と、便をためるパウチからなります。

- ●ストマ装具には、ワンピース型とツーピース型がある（下の図）。
- ●面板の皮膚と接着する部分には、皮膚保護剤が使われているものがある。
- ●ストマ装具の形や大きさ、皮膚保護剤の種類などはさまざま。ガス抜きフィルター付きや消臭剤入りのパウチもある。

装具交換のタイミング

3〜7日間おきに交換。

- ・装具のタイプや、排便状態によって、利用者ごとに異なる。

※こんなときにも交換

- ・装具と皮膚の間に隙間ができたとき。
- ・便が漏れたとき。
- ・周囲の皮膚に異常が現れたとき。

必ず医療職と事前に打ち合わせを行い、交換のタイミングについて理解しましょう。

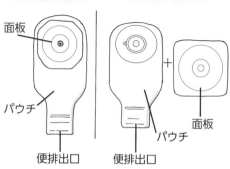

ワンピース型
（単品系）

面板
パウチ
便排出口

- ●面板とパウチが一体になっている。

ツーピース型
（二品系）

面板
パウチ
便排出口

- ●面板とパウチが分かれている。

ストマと福祉サービス

　ストマを造設した人（一時的な造設を除く）は、障害認定を受け、身体障害者手帳の交付を受けることができます。この手帳が交付されると、ストマ装具給付などの福祉サービスを受けることができます。障害認定の申請については、市町村に問い合わせましょう。

見落とせない！ リスクポイント

皮膚に潰瘍ができたり、かぶれを放置して細菌が感染したりすると、ストマ装具の装着が困難になります。皮膚やストマに異常があるときは、すぐに医療職と連携して対応します。

 ### 皮膚トラブル

ストマ周囲の皮膚に、発赤、ただれ、潰瘍などの異常が起こることがあります。症状によっては、装具の装着が困難になります。

　皮膚のトラブルの原因には、次のようなものがあります。

- 便の付着。
- 面板の粘着剤や皮膚保護剤が合わない。
- 装具交換の際に、面板を無理にはがす、こすりすぎる。
- 感染（皮膚カンジダ症など）。

 ストマと周囲の皮膚を
よく観察しましょう。

ストマ	いつもと違う色、変色、黒ずみなどの色の変化、出血、痛み、異常な分泌物　　など
皮膚	赤み、発赤、かゆみ、腫れ、傷、ただれ、潰瘍、痛み　　　など

↓

> 何らかの異常や症状が見られるときは、
> すぐに医療職に報告

面板を貼るときの注意点

⭕ ストマが面板の孔の中央にある　　❌ ストマの位置がずれている

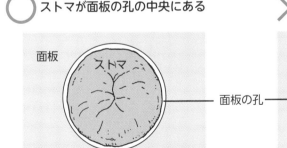

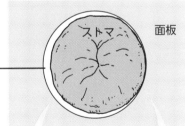

面板の孔

ストマと孔の縁との隙間が均一（1〜2mm）だと、便の漏れやこすれによる皮膚トラブルが起こりにくい。

隙間が大きすぎると、便の漏れが起こりやすく、皮膚トラブルも起こしやすい。

隙間がないと、ストマと面板の孔の縁がこすれて、潰瘍ができやすい。

第4章　ストマ装具の交換・排泄物廃棄

自己導尿カテーテルの準備・体位保持

自然な排尿が困難になると、毎日数回、カテーテルを尿道口から挿入して排尿しなければならない場合があります。介護職は、物品を利用者に手渡したり、姿勢を支えたりします。

●男性の場合

① 手を洗い、器具を用意します。

●速乾性アルコール製剤を使った手指消毒か、石けんと流水による手洗いをしましょう。

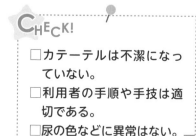

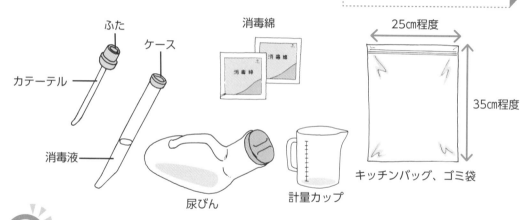

ふた
ケース
カテーテル
消毒液
消毒綿
尿びん
計量カップ
25cm程度
35cm程度
キッチンバッグ、ゴミ袋

② 自己導尿の姿勢をとってもらいます。

無理のない疲れない姿勢をとることが大切です。介護職は、背中が床面に対して垂直になるように、姿勢の保持を援助します。

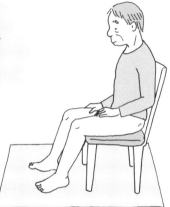

利用者が、手洗いを済ませたかどうか確認しましょう。

●テーブルや台などを用意し、介助しやすいところに、器具などを置きます。

●ベッド上で行う場合は、座位を保ち、膝を曲げた姿勢をとります。

③ 消毒綿を利用者に手渡します。

利用者は亀頭
を消毒します。

中央の尿道口から外側に
向かって、「の」の字を書
くように消毒します。

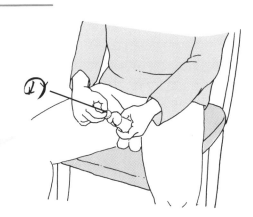

④ カテーテルをケースから出し、
利用者に手渡します。

⚠ カテーテルの先のほうが、周囲の物に
触れないように注意しましょう。ケース
は、清潔なところに置きます。

● 必要に応じて、カテーテルの先端に少量
の潤滑油をつけてから手渡します。

利用者はカテーテルを
挿入します。

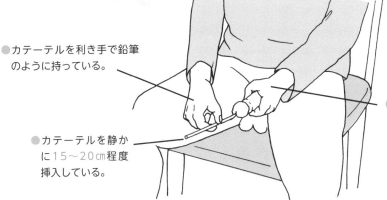

● カテーテルを利き手で鉛筆
のように持っている。

● カテーテルを静か
に15〜20cm程度
挿入している。

● もう片方の手で、陰茎を体
に対し直角に持っている。

体に力が入っているようなら、
深呼吸してリラックスするよう
に声をかけましょう。

痛みがある場合は、陰茎を
ゆっくりと少し持ち上げる
ように声をかけましょう。

● 少し持ち上げて陰茎を伸ばすと
痛みが起こりにくくなります。

5 尿びん、キッチンバッグ、計量カップなどで尿を受けます。

利用者は、カテーテルの先端をキッチンバッグなどに向け、排尿します。最後に下腹部を押さえて尿を出し切ります。

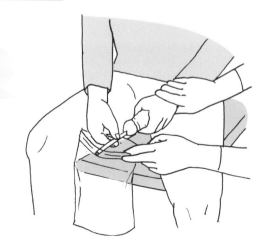

カテーテルの先が、尿の中に入らないようにします。

6 カテーテルを受け取ります。

● 利用者は、排尿が終わったら、ゆっくりとカテーテルを引き出します。
● 手洗い、あるいは清拭で、利用者の手を清潔にします。

↓

7 カテーテルを洗います。

洗ったら、消毒薬の入ったケースに戻します。

石けんと流水でカテーテルを洗います。内腔には水を通します。

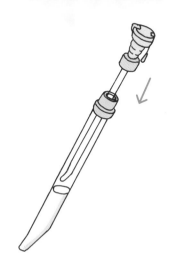

● 導尿を行った時刻、排尿量、尿の色などを記録します。尿をキッチンバッグやゴミ袋で受けた場合は、計量カップに入れて尿量を測ります。
● 尿をトイレに捨てます。

● 医師の指示があるときは、ケースの消毒薬を交換します。

●女性の場合

(1) 手を洗い、器具を用意します。

●男性の場合と同様のものに加え、鏡を用意します。

↓

(2) 自己導尿の姿勢をとってもらいます。

利用者には、手洗い、あるいは、アルコール綿で手指を清潔にしてもらいましょう。

無理のない疲れない姿勢を保てるように援助しましょう。

●敷くものを用意し、尿器を置きます。

●テーブルや台などを用意し、介助しやすいところに、器具などを置きます。

(3) 消毒綿を利用者に手渡します。

利用者は片手で陰唇を広げ、尿道口を消毒します。

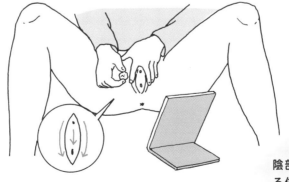

陰部がよく見える位置に鏡を置きましょう。

●尿道口から下向きに（前から後ろへと）3回拭きます。1回ごとに消毒綿を替えます。

4 カテーテルをケースから出し、
利用者に手渡します。

❗ カテーテルの先の方が、周囲の物に
触れないように注意しましょう。ケー
スは、清潔なところに置きます。

● 必要に応じて、カテーテルの先端に少
量の潤滑油をつけてから手渡します。

利用者はカテーテルを
挿入します。

● カテーテルを利き
手で、鉛筆のよう
に持っている。

● 利き手ではない手
で、陰唇を広げて
いる。

● カテーテルを静か
に挿入している。

● 体に力が入っているようなら、
深呼吸してリラックスするよ
うに声をかけましょう。

介護職は、利用者の手
や腕、背中、あるいは
カテーテルに手を添え
て、排尿を援助します。

 5 尿びん、キッチンバッグ、
計量カップなどで尿を受けます。

利用者は、カテーテルの先端を
尿びんなどに向け、排尿します。
最後に下腹部を押さえて尿を出
し切ります。

● カテーテルの先が、
たまった尿の中に入
らないようにします。

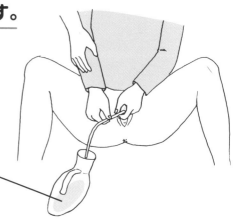

6 カテーテルを受け取ります。

● 利用者は、排尿が終わったら、ゆっくりとカテーテルを引き出します。
● 手洗い、あるいは清拭で、利用者の手を清潔にします。

7 カテーテルを洗います。

● 男性の場合と同様に、洗浄を行い、記録します。

基礎知識 排尿の仕組みと自己導尿

尿は、腎臓でつくられ、膀胱を経て排泄されます。膀胱には、尿を「ためて出す」という働きがあります。何らかの原因で膀胱に尿が残っていると、腎臓にまで影響が及びます。

💙膀胱の働き

尿をためる

腎臓から運ばれる尿が増えるにつれて、膀胱が徐々に緩む。

膀胱

尿道括約筋が尿道を締めている。

尿道

● 一定量の尿がたまると、その刺激が脳に伝わり尿意を感じる。
● トイレに行くまでは、尿道を締めて排尿を我慢する。

尿を出す

膀胱が収縮する。

尿道括約筋が緩み尿道が開く。

● トイレに行き排尿しようとすると、脳から指令が出される。
● 指令を受けて尿道括約筋が緩み、膀胱が収縮して、尿が排出される。

💙自己導尿とは

自分で定期的にカテーテルを使い、尿を排出させることを自己導尿といいます。

● 「前立腺肥大症で尿の流れが悪くなった」「手術や脊髄損傷で排尿にかかわる神経が障害された」などで、自然に排尿できなくなった場合に、自己導尿が行われる。

● 自己導尿によって、膀胱や腎臓の機能を守り、細菌感染や尿失禁などを防ぐことができる。

尿が排出されないと……

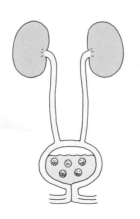

常に膀胱に尿がたまった状態になり、細菌感染が起こりやすくなる。

腎臓でつくられた尿が膀胱へ流れなくなり、腎臓が腫れ、やがて尿をつくることができなくなる。

第
4
章

自己導尿カテーテルの準備・体位保持

見落とせない！ リスクポイント

病気が原因で尿の色が変化したり、水分摂取量が少なくて尿量が減少したりすることがあります。尿の色や量などを観察し、病気や生活の問題点などの発見につなげましょう。

尿の量、色、臭い

```
尿の量や性状がいつもと
違うとき
```
→
```
●全身状態を観察する。
●食事、水分摂取量など、
　尿を変化させる要因が
　あったかを確認。
```
→
```
記録を取り、
医療職に報告
```

通常の尿の色

無色～淡黄色、透明
- 濃い黄褐色…朝一番の濃縮された尿、運動時、かぜ、発熱時。
- 赤色…血尿のおそれがある。膀胱炎、腎盂腎炎、前立腺の病気や肝臓の病気（黄疸）などで起こることがある。
- 飲食物や薬で色が変化することがある（例：ビタミン剤を飲んでオレンジ色になる）。

1回の尿量の目安

250～300ml
- 水分摂取量の過不足、自己導尿の回数が不適切、何らかの病気などで、尿量が変化することがある。

通常の尿の臭い

無臭
- 食事や薬、病気によって、臭うことがある（例：糖尿病の人の尿は、甘酸っぱい臭い）。

- 1日の自己導尿の回数は、一般に4～5回。前立腺肥大症などの病気や加齢により増加します。
- 自己導尿の時間は、起床、食事、就寝などを考慮し設定します。
- 1日の水分摂取量の目安は、医療職に確認。一般には1000～1500mlですが、心臓や腎臓の病気があると違ってきます。

多目的トイレでの汚染

カテーテルは滅菌状態に保ちます。多目的トイレでは汚染されやすいので注意しましょう。

使用前に、カテーテルや消毒綿が、洗面台などに触れないようにしましょう。

「使用後は汚染されたもの」として、帰宅後に必ず滅菌しなくてはいけません。

- ケース：中に水道水を入れ、ふたをして上下に振り洗浄します。これを5回程度繰り返し、処方された消毒薬を入れます。
- カテーテル：通常の場合と同様に洗浄と消毒を行います。

外出先での自己導尿で注意すべきことは何でしょうか？

Gさんのプロフィール

・45歳、男性
・自己導尿
・下半身を自分で動かすことができない

・脊椎損傷^{せきついそんしょう}
・首と手は不自由だが、動かすことができる

❓ 介護職の悩み

Gさんは、大学生のときに柔道の試合で脊椎を損傷し、下半身は自分の意志で動かなくなりました。大学中退後、入院とリハビリを続け、退院後は母親がつきっきりで介護していたそうです。その後、母親が病気で亡くなり、介護職のケアを受けるようになりました。

Gさんは、リクライニングの電動車いすで生活しています。自分で車いすに移乗することはできず、姿勢を正すこともできません。手でレバーを操作しての移動は可能です。ま

た、留置カテーテルを使用すると行動が制限されるという理由から、自己導尿を選択しています。

Gさんのケアでの悩みは自己導尿の介助です。最近は、介護職が全面的につき、遠方に行くなど、外出が多くなっています。外出に際しては、車いす用のトイレの場所を確認してから出かけています。外出先で行う自己導尿の介助でどんな注意が必要でしょうか。

➕ 医療職のコメント

自己導尿の介助で最も注意してほしいのが、感染予防です。設備の整ったオストメイト用のトイレも含め、外出先でのトイレでは、感染が起こりやすいと考えましょう。

例えば、カテーテルやケースを洗面台のわきなどに不用意に置くと、汚染されることがあります。周囲のものには触れていないと思っても、カテーテルに細菌が付着し不潔になることがあります。汚染されていないと思っても、汚染されたと考えて、自宅に戻ってから洗浄と消毒を行うことが重要です。

尿は本来無菌で、雑菌が入ると膀胱炎^{ぼうこうえん}になります。さらに、菌が尿管から逆行して

腎盂腎炎になる場合があります。尿をつくる腎臓が炎症を起こすと、命取りにもなりかねませんから、感染予防に十分に注意してください。

車いすで導尿するには、体位の保持やカテーテルの受け渡しなど、介護職の介助が不可欠です。介護職は、その利用者に即した介護のポイントや注意点を看護職に確認してください。

蓄尿バッグ、バルーンカテーテルの管理

蓄尿バッグ（ウロバッグ）の管理は、看護職が行う業務です。介護職の医行為ではありません。ただし、施設や居宅サービスでは、蓄尿バッグを使用している利用者を介助する機会がありますので、管理上の注意点など最低限の知識は身につけておくと安心でしょう。

●蓄尿バッグ、バルーンカテーテルの詳細

♥蓄尿バッグ（ウロバッグ）

膀胱に留置したカテーテルから流れ出る尿をためるバッグ。

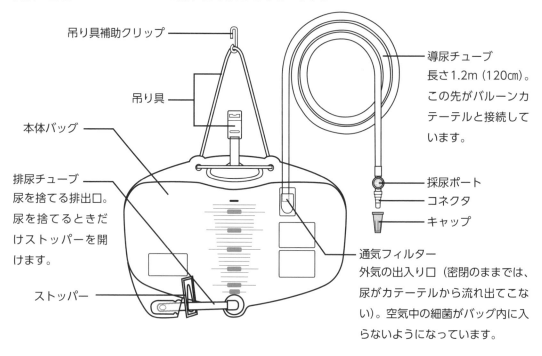

吊り具補助クリップ

吊り具

本体バッグ

排尿チューブ
尿を捨てる排出口。
尿を捨てるときだ
けストッパーを開
けます。

ストッパー

導尿チューブ
長さ1.2m（120㎝）。
この先がバルーンカ
テーテルと接続して
います。

採尿ポート

コネクタ

キャップ

通気フィルター
外気の出入り口（密閉のままでは、
尿がカテーテルから流れ出てこな
い）。空気中の細菌がバッグ内に入
らないようになっています。

♥バルーンカテーテル（フォーリーカテーテル）

膀胱内に挿入し、膀胱内の尿を持続的に排出する尿道留置カテーテル。

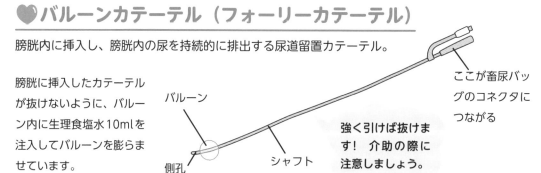

膀胱に挿入したカテーテル
が抜けないように、バルー
ン内に生理食塩水10mlを
注入してバルーンを膨らま
せています。

バルーン

側孔

シャフト

ここが蓄尿バッ
グのコネクタに
つながる

**強く引けば抜けま
す！ 介助の際に
注意しましょう。**

●蓄尿バッグの管理上の注意点

① 蓄尿バッグの位置

管理で大切なのは、蓄尿バッグを取りつける位置です。どのような
姿勢（体位）でも「膀胱より下に取りつける」ことが重要です。

実際の管理は、看護
職が行います。

ベッドの取りつけ位置

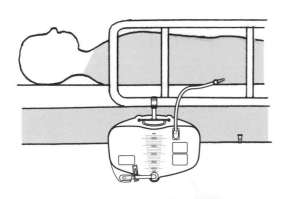

床

利用者の膀胱より低い
位置で、床につかない
ように取りつけます。

車椅子での取りつけ位置

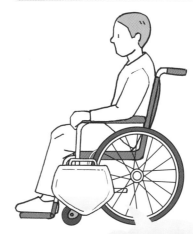

利用者の膀胱より低い
位置（座面より低い位
置）で、床につかないよ
うに取りつけます。

② 介助の際の注意点

●導尿チューブが折れ曲がらないように注意します。チューブが折れ曲がると、尿の流れが悪く
なり、尿路感染（膀胱炎）になる可能性があります。
●導尿チューブも腰から下に置きます。バッグを腰より上に持ち上げると、尿が逆戻りするので、
絶対にやってはいけません。
●シャワー時に、バッグを濡らさないよう注意します。入浴は可能ならば避けます。

③ 看護師への連絡

以下のようなときは、看護職にすぐに報告します。
●尿が流れない。
●利用者が腹部や陰部に痛みを訴えている。
●導尿カテーテルや排尿バッグの尿の色がいつもと違う。
●バッグやチューブが紫色に変色している。
●熱がある、受け答えがいつもと違うなど、利用者の様子に変化が見られる。

点滴中の寝衣の交換

利用者が点滴による治療を数日間受け続けることがあります。その場合には、腕から針が抜けたり、点滴バッグと管（ライン）がはずれたりしないように、着替えの介助を行います。

●着ていた寝衣を脱ぐ

点滴ルートに異常がないことを確認します。

●点滴（輸液）ルートとは点滴（輸液）バッグから利用者の針刺し部分までをさします。
●異常があるときは、医療職に連絡します。

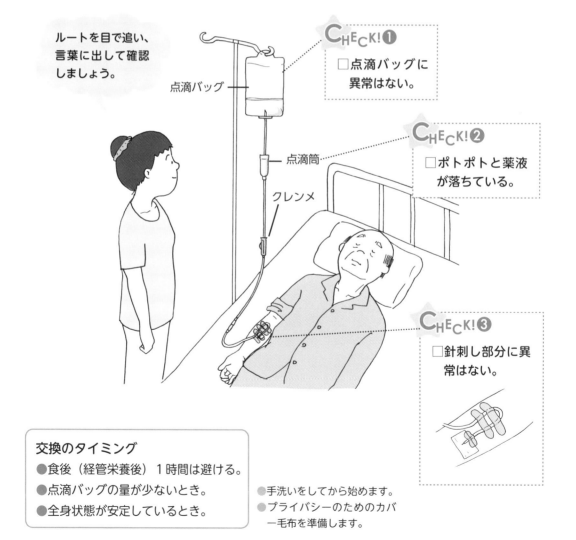

ルートを目で追い、
言葉に出して確認
しましょう。

点滴バッグ

点滴筒

クレンメ

CHECK!❶
□点滴バッグに
　異常はない。

CHECK!❷
□ポトポトと薬液
　が落ちている。

CHECK!❸
□針刺し部分に異
　常はない。

交換のタイミング
●食後（経管栄養後）１時間は避ける。
●点滴バッグの量が少ないとき。
●全身状態が安定しているとき。

●手洗いをしてから始めます。
●プライバシーのためのカバ
　ー毛布を準備します。

② 点滴のない側を先に脱がせます。

↓

③ 介護職の手で、針刺し部をカバーした状態で、
利用者の腕から袖を脱がせます（"腕が脱ぐ"ように）。

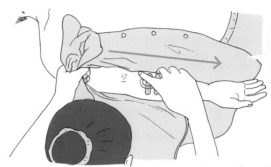

袖をまとめて持
ち、手先のほう
へ動かします。

針刺し部全域をカバー
しましょう。

腕が脱ぐ

↓

④ 点滴バッグ、ルートをまとめて持ちます。

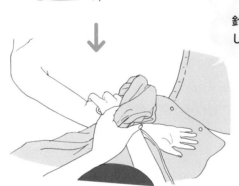

●点滴バッグが針刺し部より下に
　なると、血液が逆流します。

点滴筒の上下が逆にならな
いように注意。常に滴下し
ている状態に保ちます。

点滴バッグは、常に
針刺し部より高い位
置に保ちます。

片手で、広い面をカバーす
るようにして、できるだけ
垂直に持ちましょう。

高い　　低い

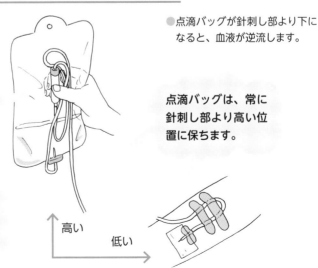

⑤ "点滴（輸液）が脱ぐ"ように、袖を通します。

●点滴バッグとルートを手に持ち、着ていた寝衣の袖を通すことを
　"点滴が脱ぐ"といいます。

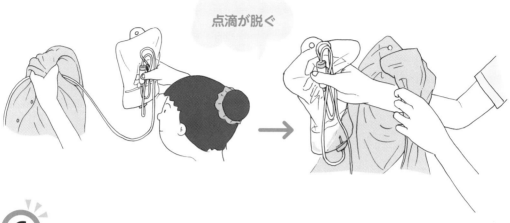

点滴が脱ぐ

⑥ 点滴バッグをポールにかけます。

● ① と同じように、ルートを目で追い、言葉に出して確認しましょう。

●新しい寝衣を着る

① "点滴が着る"ように、袖を通します。

●点滴バッグとルートを手に持ち、新しい寝衣の袖を通すことを
　"点滴が着る"といいます。

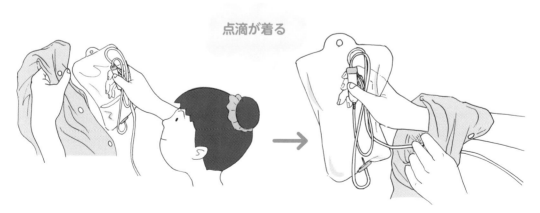

点滴が着る

●先に点滴側の袖をまとめておきます。
●点滴バッグ、ルートをまとめて持ったら、もう片
　方の手で袖を持ち、点滴バッグを袖の肩のほうか
　ら通します。

② 点滴バッグをポールにかけます。

- 「着ていた寝衣を脱ぐ」の ① （114ページ参照）と同じように、点滴ルートを目で追い、言葉に出して確認します。
- このとき、点滴ルートは、袖の肩から出て、利用者の腕につながっています。

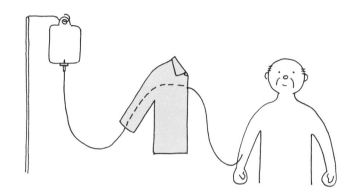

③ 点滴側の腕に袖を通します（"腕が着る"ように）。

●まず、袖をまとめて、袖口から自分の手を通します。その手で利用者の針刺し部全体をカバーし、袖を肩のほうへ動かします。

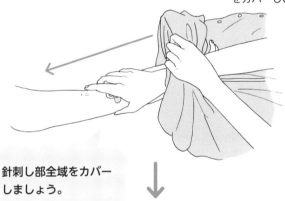

針刺し部全域をカバーしましょう。

腕が着る

④ 点滴のない側を着せて終了。

●大きく十分に肩抜きをしてから着せましょう。

引用・参考文献

・オムロン「血圧データベース」
https://www.healthcare.omron.co.jp/
zeroevents/bloodpressurelab_basic/
contents1/314.html
・九州大学広報室「歯周病菌のアルツハイマー様病態誘発に関与する原因酵素を特定〜歯周病によるアルツハイマー病悪化メカニズムの解明に期待〜」
https://www.kyushu-u.ac.jp/f/30874/17_06_22.pdf
・日本内科学会「呼吸困難（息苦しさ）」『コモンディジーズブック』
https://www.naika.or.jp/jsim_wp/wp-content/uploads/2015/05/commonspl1.pdf
・テルモ「テルモ体温研究所」
https://www.terumo-taion.jp/health/senior1/01.html
・第一三共ヘルス「ひふ研」
https://www.daiichisankyo-hc.co.jp/site_hifuken/qa/difference_zaikei/
・参天製薬「目薬（点眼液・眼軟膏がんなんこう）の使い方」
https://www.santen.co.jp/ja/healthcare/eye/eyecare/eyelotion/index5.jsp
・Doctors File「加齢黄斑変性」
https://doctorsfile.jp/medication/36/
・くすりの適正使用協議会「くすりと食品の相互作用」
https://www.rad-ar.or.jp/use/guidance/interaction/index.html
・大垣市民病院「尿道留置カテーテル管理マニュアル」
https://www.ogaki-mh.jp/yorozu/clinicalpath/download/11_nyodokanri.pdf
・United Nations「Policy Brief : The Impact of COVID-19 on older persons May 2020」
https://unsdg.un.org/resources/policy-brief-impact-covid-19-older-persons
・株式会社エスエヌディ　http://www.sndto.co.jp/
・アイエスケー株式会社
http://www.isk-catalog.com/35.html
・歯チャンネル88
http://www.ha-channel-88.com/
・たなか耳鼻咽頭科
http://www.tanaka-ent.or.jp/mimi-kozo.html
・ノバルティス ファーマ 株式会社
http://www.novartis.co.jp/
・厚生労働省医政局総務課長・医薬品食品局総務課長・医薬食品安全対策課長連名通知「PTP包装紙シート誤飲防止対策について（医療機関及び薬局への注意喚起及び周知徹底依頼）」
http://www.mhlw.go.jp/stf/houdou/2r9852000000rwgy-img/2r9852000000rwif.pdf
・筑波学園病院薬剤部「くすりばこ」
https://www.gakuen-hospital.or.jp/section/pharmacy/#other

・e痛風治療ガイド　http://tufu.sakura.ne.jp
・厚生労働科学研究費補助金・長寿科学総合研究事業「情報ネットワークを活用した行政・歯科医療機関・病院等の連携による要介護者口腔保健医療ケアシステムの開発に関する研究」（要介護者口腔ケアネットワーク）
http://www.dent.niigata-u.ac.jp/oral-care/
・東京都福祉保健局「要介護高齢者のための口腔ケアマニュアル」
https://www.fukushihoken.metro.tokyo.lg.jp/minamitama/hakkou/koukuumanyuaru.html
・国立がん研究センターがん対策情報センター
https://www.ncc.go.jp/jp/cis/
・公益社団法人日本オストミー協会ホームページ
http://www.joa-net.org/

・Jung Dae Lee, Hyang Yeon Kim,et al.（2020）「Integration of transcriptomics, proteomics and metabolomics identifies biomarkers for pulmonary injury by polyhexamethylene guanidine phosphate (PHMG-p), a humidifier disinfectant, in rats.」『Arch Toxicol.』94（3）：887-909.
・黄基旭, Ha-Ryong Kim, 永沼章, Kyu-HyuckChung（2016）「韓国で発生した加湿器殺菌剤による健康被害 Occurrence of health damage by humidifier disin-fectant in Korea.」『毒性学ニュース（Toxicology News）』41（5）：96-102
・Koh-ichiro Yoshiura, Akira Kinoshita, Norio Niikawa「A SNP in the ABCC11 gene is the determinant of human earwax type」『Nature Genetics』2006, Jan; 38: 324–330（吉浦孝一郎、新川詔夫ほか「ヒトの耳垢型がABCC11遺伝子の一塩基の変化で決定されることを発見」）
・Craig R. Keenan, MDcorresponding and George R. Thompson（2011）「Purple Urine Bag Syndrome」『J Gen Intern Med.』26（12）：1506.
・『介護職のための医療的行為＆薬の基本完全ガイド』（ひかりのくに）、2007年
・『デンタルハイジーン』（医歯薬出版）、2001年
・『写真でわかる基礎看護技術①―看護技術を基礎から理解！―』（インターメディカ）、2005年
・厚生労働科学研究費補助金 疾病・障害対策研究分野 長寿科学総合研究「介護保険の総合的政策評価ベンチマーク・システムの開発―現在歯数、咀嚼能力およびかかりつけ歯科医院の有無と認知症を伴う要介護認定との関連：AGESプロジェクトのコホートデータによる分析」（山本龍生、近藤克典ほか）
・「口腔外科と老化に関する研究　痴呆の危険要因に関する疫学的検討」（名古屋大学医学部口腔外科重冨俊雄ほか）

おわりに

　日本では2020年春に顕著になり、一時コントロールできたかにみえた新型コロナウイルスは、翌2021年の夏には5種の変異株となりました。世界に誇っていた日本の保健医療システムは危機に瀕し、医療従事者のみならず、多くの関係者の必死のご尽力で耐えている状況です。果たして時が経てば終息となり得るのかは疑問で、このまま命を脅かすウイルスと共存しながら私たちは毎日を過ごしていかざるを得ないとも考えられます。医行為の視点から、災害ともみなされる昨今の情勢、重度の在宅療養者の増加など、医療従事者やその関係者による医行為は従来の線引きのままであるかは、大いに疑問が残ります。社会的影響は現在以上にケアの分野にも多大であるかもしれません。近い将来この医行為の範囲がさらに拡大する可能性は大いにあり、ケアに携わるものとして注視しなければいけないものとなりました。難しい消毒剤の名称は、日常茶飯事に耳に届き、スタンダード・プリコーションのマスクは、多くの人にとって当たり前になり、またパルスオキシメーターの値を報告する場合に、なぜその値が重要か、その背景となる知識がさらに必要になりつつあります。

　別の視点から、ケアにおける医行為や医療的ケアは過去10年間にかなりの進展を遂げましたが、基本となる知識としっかりした技術は普遍です。ケアに携わる者として、その修得は必要不可欠なものです。本書では、ケアの現場に即する手引きとして、専門的ではありますが、できるだけわかりやすく各項目を紹介しています。一部分の病名や薬剤は難しいかもしれませんが当然のことながらすべてを覚える必要はありません。どこかで耳にした程度として、記憶にとどめておけば十分です。ケアに携わる方々は、さらに知識を増やし、自分の行為の背景を理解すれば、安心してよりよいケアが提供できると信じます。

　今回の改定にあたり、常に専門的なご意見をいただいた開業医の継仁先生、海外の医療事情に精通なさっているルーテ彩来先生、折にふれ導いてくださった服部万里子先生、そして日本での臨床の場を提供して下さった高橋信夫先生と救世軍の方々に感謝申し上げます。

2021年　夏

久良木 香

■総合監修・一部執筆

服部 万里子（はっとり　まりこ）

服部メディカル研究所代表取締役所長、看護師

日本ケアマネジメント学会理事、日本精神保健社会学会理事、公益社団長寿社会文化協会理事、NPO法人VAICコミュニティケア研究所副理事長、日本在宅ケア学会幹事。
1969年 早稲田大学卒業。1978年 今井病院（旧アイマタニティクリニック）での勤務を経て、1989年服部メディカル研究所、1999年 NPO法人渋谷介護サポートセンター（事務局長理事）を創設。2000年城西国際大学経営情報学部福祉環境情報学科教授、2007年 立教大学コミュニティ福祉学部福祉学科教授を務めた。主な著書に、『今すぐ知りたい医療行為実技ガイド』『介護職のための医療的行為＆薬の基本完全ガイド』（ひかりのくに）、『最新 図解でわかる介護保険のしくみ』（日本実業出版社）、『介護ビジネス実践ガイド』（PHP研究所）などがある。

■監修・執筆

久良木 香（きゅうらぎ　かおり）

看護学修士、看護師（カナダ）

立教大学コミュニティ福祉学部講師、城西国際大学福祉総合学部准教授、三育学院看護学科助教授、救世軍社会事業団ブース記念訪問看護ステーション管理者を歴任。

■監修協力

菅野 綾（かんの　あや）

看護師、東京基督教大学国際キリスト教福祉学科専任講師

笈沼 典子（おいぬま　のりこ）

看護師、熊谷市地域包括支援センター

伊藤 将子（いとう　しょうこ）

看護師、城西国際大学福祉総合学部助教

横田 かず枝（よこた　かずえ）

薬剤師、主任介護支援専門員、一般社団法人博慈会居宅支援事業所

■医学監修

久良木 ルーテ彩来（きゅうらぎ　るーてさら）

インディアナ大学医学部　医学博士

介護で使える！「医行為でない行為」がすぐできるイラスト学習帳 最新改訂版

2021年12月6日　初版第1刷発行

監 修 者　服部 万里子
発 行 者　澤井 聖一
発 行 所　株式会社エクスナレッジ
〒106-0032　東京都港区六本木7-2-26
https://www.xknowledge.co.jp/

編集　TEL：03-3403-1381　Fax：03-3403-1345／info@xknowledge.co.jp
販売　TEL：03-3403-1321　Fax：03-3403-1829